中国传统文化与对外汉语教学研究

牙曼莎 ◎ 著

吉林出版集团股份有限公司

版权所有　侵权必究

图书在版编目（CIP）数据

中国传统文化与对外汉语教学研究 / 牙曼莎著. —长春：吉林出版集团股份有限公司，2023.6
　ISBN 978-7-5731-3794-4

　Ⅰ. ①中… Ⅱ. ①牙… Ⅲ. ①中华文化－文化传播－研究②汉语－对外汉语教学－教学研究 Ⅳ. ①G125 ②H195.3

中国国家版本馆CIP数据核字（2023）第117076号

中国传统文化与对外汉语教学研究
ZHONGGUO CHUANTONG WENHUA YU DUIWAI HANYU JIAOXUE YANJIU

著　　者	牙曼莎
出版策划	崔文辉
责任编辑	侯　帅
封面设计	文　一
出　　版	吉林出版集团股份有限公司
	（长春市福祉大路5788号，邮政编码：130118）
发　　行	吉林出版集团译文图书经营有限公司
	（http://shop34896900.taobao.com）
电　　话	总编办：0431-81629909　营销部：0431-81629880/81629900
印　　刷	廊坊市广阳区九洲印刷厂
开　　本	787mm×1092mm　1/16
字　　数	221千字
印　　张	11
版　　次	2023年6月第1版
印　　次	2024年1月第1次印刷
书　　号	ISBN 978-7-5731-3794-4
定　　价	78.00元

如发现印装质量问题，影响阅读，请与印刷厂联系调换。电话：0316-2803040

前　言

如今在国内很多高校都开设了对外汉语教学课程，在国外有孔子学院。总之，对外汉语教学，已经发展到一个新的时期，吸引了众多学习者。对外汉语教学的根本目的，是帮助汉语学习者掌握汉语的交流方法，能够读懂中国字，说清中国话。语言是文化的一种载体，因此，在对外汉语教学中，除了要教授基本的汉语知识，还需要注重采取合适的方法和策略，融入我国的传统文化，以提高汉语语言教育和传统文化相互融合、相互促进的作用。

将中国传统文化融入对外汉语教学中，能够激发留学生学习汉语的兴趣，有利于提高留学生的中国传统文化修养，达到有效学习汉语的目的。探析中国传统文化的内涵，并将其应用到对外汉语教学中，具有十分重要的现实意义。

本书首先介绍了语言与文化、文化与语言教学方面的内容，然后在对外汉语教学的理论、对外汉语教学概述以及文化与外语教学的关系方面做出详细的分析，之后重点探讨了中国传统文化影响下的对外汉语教学原则、特点及测试评估，最后分析了中国传统文化影响下的对外汉语教学的手段和方法等方面的内容。

在写作过程中笔者参阅了大量的相关专著及论文，在此对相关文献的作者表示感谢。由于写作水平有限，书中难免存在不妥之处，敬请各位专家、读者批评指正。

目 录

第一章 文化与语言教学 ... 1
- 第一节 文化在语言教学中的重要性 ... 1
- 第二节 文化教学的历史与现状 ... 3
- 第三节 文化教学的目标与内涵 ... 8
- 第四节 文化教学的原则 ... 9
- 第五节 文化教学的内容 ... 10
- 第六节 文化教学的模式 ... 13
- 第七节 文化教学在中国的发展前景 ... 16

第二章 对外汉语教学的理论 ... 18
- 第一节 对外汉语的学科理论研究 ... 18
- 第二节 对外汉语的学科理论基础 ... 22
- 第三节 对外汉语的学科理论体系 ... 31
- 第四节 对外汉语的学科基本理论 ... 38

第三章 对外汉语教学概述 ... 54
- 第一节 早期汉语学习与汉语研究 ... 54
- 第二节 汉语作为第二语言教学与习得研究情况 ... 56
- 第三节 汉语基本要素与语言教学问题研究 ... 73
- 第四节 汉语要素教学的基本点与基本意识 ... 82

第四章 文化与外语教学的关系 ... 93
- 第一节 文化教学的概念 ... 93
- 第二节 文化教学在美国 ... 96
- 第三节 文化教学在欧洲 ... 98
- 第四节 文化教学在中国 ... 100

第五章 中国传统文化影响下的对外汉语教学原则、特点及测试评估 ... 102
- 第一节 对外汉语教学的总体设计 ... 102

第二节　对外汉语教学的教材评估和选用原则……………………………110
　　第三节　对外汉语课堂教学的特点和要求……………………………………113
　　第四节　对外汉语教学的测试和评估…………………………………………117

第六章　中国传统文化影响下的对外汉语教学的手段和方法……………… 128
　　第一节　教学理论与教学方法的重要性………………………………………128
　　第二节　汉语语音教学对策与教学方法………………………………………129
　　第三节　汉语词汇教学对策与教学方法………………………………………139
　　第四节　汉语语法教学对策与教学方法………………………………………151

参考文献………………………………………………………………………… 168

第一章　文化与语言教学

语言教学在中国可谓历史悠久，古人学习四书五经、《大学》《中庸》，无不是希望使自己的语言精练犀利、富于思想。随着社会的进步与发展，国际交流的机会增多，掌握一门或几门外语已成为衡量人才的一个必要条件，外语教学也随之发展。由于中国古代的诵读式教学方法深入人心，人们理所当然地认为学习外语应以学习语音、语法、词汇为基础，辅以大量的阅读和背诵，这样功到自然成，所以早期的中国外语教学工作者对于外语教学理论的探讨并不重视。然而，经过时间的验证，人们发现单纯的学习语言不能满足跨文化交际的需要。语言是一种交流工具，学习语言的最终目的是交际，在真实交际中，仅掌握语言知识，即语法正确、语音标准，是不够的。交际发生在语境中，很大程度受文化的影响和制约。国外学者在探索语言能力的过程中认识到语言能力是一种交际能力，文化因素是交际能力构成的重要成分，外语教学需要辅以文化教学。

第一节　文化在语言教学中的重要性

外语学习由几部分组成，包括语法能力、交际能力、语言的准确性和对本族文化及其他文化的态度转变。无论对于研究者还是普通外语学习者而言，文化能力，即有关风俗、习惯、信仰和意义系统的知识，毋庸置疑地应该成为外语学习不可分割的一部分，许多教师已经把文化教学作为一个教学目标融入语言课程中。在过去10年中已经受到足够重视的交际能力，强调的是"语境"的作用，认为在不同情境中交际者应该得体地运用语言。语境中蕴含着文化规则，发生在具体语境中的交际行为受文化的限制，所以实现有效、得体的交际要求交际者既了解语言的语法知识（语法能力）又能够解读语境中暗含的文化意义（交际能力或文化能力），两种能力相互补充形成交际能力。

当然，我们早已对以"行为主义模式"为中心的语言学习方法进行了批判，在此模式下，语言学习就是句型模仿，语言就是用来表述事件的词和句子的简单组合。在过去20年中，研究语言与社会的关系成为潮流，导致语言学习由"行为主义模式"和"实证主义模式"向"结构主义模式"的转变。然而，仍然有一些与语言教学的本质有关的信念深植于人们心中，决定了外语课程的方法和内容，这种信念潜移默化地削弱了语言课程中的文化教学，阻碍了学生跨文化交际能力的培养。

把语言仅仅当作一种符号，只学习语法规则无疑是一种错误的观念。在某种程度上，如果只对与语言有关的社会动态给予关注，而不能对社会和文化的结构有深远的洞察力，可能导致跨文化交际中的误解。所以，外语学习就是外国文化的学习，在外语课堂中应该教授文化，这是毫无疑问的。值得争论的是"文化"的含义是什么，怎样才能将文化融入语言教学中。Kramsch 认为，文化之于语言学习不是可有可无的第五种技能，附属于听、说、读、写的教学。从学习外语的第一天起，文化就一直存在于背景中，时刻准备着扰乱不设防的学习者，挑战他们认识周围世界的能力，使学习者们意识到他们辛苦学得的交际能力的局限性。

人们正在逐渐意识到文化与语言不可分割的关系。缺失了文化的教学，外语教学就是不准确的，也是不完整的。对于外语学习者，如果他们对于以目的语为母语的人们的生活习惯或是国家状况一无所知，那么语言学习是毫无意义的。学习一门新的语言绝不仅仅是对句法和词汇的简单整合。学习目的语文化的重要性随着语言学习者和外国文化越来越频繁的接触而逐步凸显出来，因为他们在跨文化交流中碰到的很多障碍与语言的熟练程度无关。

文化语用失误比单纯的语言错误更容易在跨文化交际过程中造成不良影响。因为受话者很容易发现表面的语言错误，如语法错误、语音不准确等，这种错误一旦被发现，受话者充其量认为说话者缺乏足够的语言知识，可以谅解，甚至会对说话人敢于交谈的勇气表示钦佩。而对于文化方面的语用失误，受话者却不会像语法错误那样看待。如果一个能说一口流利外语的人出现语用失误，他很可能被认为缺乏礼貌或不友好。他在交际中的失误便不会被归咎于语言能力的缺乏，而会被看作粗鲁或敌意。Wofson 也表达了相似的观点，"在与外国人交往时，本族语者趋向于容忍发音和句法方面的错误。相反地，他们常常把违反讲话规则解释为态度不友好，因为他们不大能够意识到社会语言的相对性"。这表明一个人语言能力越强，在交际中出现的语用失误对受话者所造成的伤害也就越严重，成功的交际也就越发不可能。外语水平越高，对文化差异的敏感性也应越高，这样就可以使言语在特定场合下、特定语境中得体，从而减少语用失误。

所以，外语学习者在学习一门语言时不应忽视目的语文化。随着文化在语言习得中的重要性逐渐被肯定，语言教学研究者和工作者开始进一步探讨如何有效地在外语教学过程中渗透文化知识，于是就产生了"文化教学"这一概念。第二语言教学的目的主要是培养学生把语言作为交际工具来掌握。寓语言教学于文化背景的目的之一是发现并排除干扰语言交际的因素。不同文化层上的语用失误贯穿于英语学习和使用的每个阶段，因此，不同阶段的语言教学应与不同层次的文化教学有机地结合起来，从而建立一个相应的文化认知系统，以使学生英语水平得到全面提高。

第二节　文化教学的历史与现状

欧洲各国政治、经济、文化交流频繁，外语教学起步较早，最早教授的语种包括拉丁语、希腊语等。早期的语言教学，尤其拉丁语教学多采取语法翻译法，随着西方语言学研究的兴起和发展，外语教学研究也得到发展，新理论、新流派不断涌现。中国的外语教学研究起步较晚，研究层次基本停留在学习、引进国外教学理论的层面，没有提出推进整体外语教学理论层次的新观点，教学实践中改进教学模式、教学方法的速度缓慢，还没有形成适合中国外语教学目标和教学条件以及学生认知特点的本土化教学理论出现。

一、国外研究的发展

国外对于外语教学中的文化教学研究，包括理论研究和方法研究起步较早，对于外语教学中文化教学重要性的认识可以追溯到19世纪末期，至今已有100余年的发展历史。1890年，由美国现代语言协会起草的一份报告中，第一次提出欧洲文化应作为欧洲语言教学的一部分。此后，文化教学在西方各国呈现出不同的发展态势。

德国的文化教学享有很长的历史，早在18世纪末、19世纪初，德国著名语言学家 Wilhelm Von Humboldt 就认为语言和文化之间有着十分密切的关系；他的这一观点和其随后提出的人本主义教育观点，对德国社会的各个方面都产生了极大的影响，对外语教学的影响尤为显著。

在英国，外语教学中的文化因素却长久以来遭到忽视，这很大程度上是由于以结构主义为基础的教学方法往往否定文化在外语教学中的必要作用；直到20世纪50年代，政府实施教育改革并把背景信息引入课本中去，才使文化教学得以起步。但事实上，在英国，外语教学中的文化教学还是处于次要的地位。

较之欧洲各国，美国的文化教学代表人物较多，其研究成果亦颇为丰硕。实际上，美国的文化教学研究可以说是多学科的跨文化交际研究。

早在20世纪40年代，美国教学法家 C.C.Fries 就提出要在外语教学中对文化因素给予足够重视。E.T.Hall 于1959年出版《无声的语言》(*The Silent Language*)，使跨文化交际学得以确立其学科地位，同时，也使学习外语同学习文化相结合的思想广泛传播。这一时期的 Lado 认为外语教学应该包括文化教学，并提出从形式、意义和分布三个层次对不同文化进行对比性的模式分析。他指出，不掌握好文化背景就不可能教好语言，不懂得文化的模式和准则就不可能真正学好语言。

20世纪70年代，美国出现了许多较有影响的外语教学专家，从跨文化交际的角度，提出各种语言文化教学的方案。最为著名的有 Brooks，Nostrard 和 Seelye 等，这些专家都致力于寻找如何让学生通过跨文化交际了解外国文化的可行模式，同时又注重如何通过了解外国文化提高跨文化交际能力。1966年，Hymes 对 Chomsky 提出的"语言能力"做出补充，提出"交际能力"的概念，在此基础之上，美国外语教学委员会制定了外语教学大纲，规定学习外语的学生的交际能力应包括五个要素，即四种语言能力（听、说、读、写）和社会文化能力。

继1975年 Conden & Yousef 出版第一部跨文化交际学教材 An Introduction to Intercultural Communication 后，Demam 把该理论运用于语言与文化教学实践中，把文化教学称为语言教学的第五要素，并根据跨文化交际学原理，用几年时间设计了一套用以指导课堂中教授语言文化的实践方案，就多元文化教育提出了一个跨文化的训练方法，使以过程教学和任务教学为中心的教学理论在西方外语教学界开始盛行。

20世纪80年代之后，文化教学进一步发展。在语言教学与文化教学的相互关系方面，Byram 提出，文化是语言学习者内在的组成部分，语言和文化教学是有机结合而不能割裂的，应当在语言教学中突出文化教学或渗透文化教学。此外，他指出学习语言和文化是一个过程，在这个过程中要发展学习者的能力，并把这种能力转化为跨文化交际能力，同时他还强调要把获得文化知识作为语言习得的一部分。这一时期的另一代表人物是 Kramsch，他提出文化意识和目的文化学习可以推动第二语言能力的发展；第二语言及外语学习者必须学习目的文化，不了解运用语言的文化语境是不可能学会目标语的。

综观国外文化教学的发展，我们不难发现英语教育中的文化教学经常受社会政治文化因素的影响，它必须适应社会发展的需求。国外文化教学在历史上经历了三大潮流，即"外加型文化教学"模式、"融合型文化教学"模式和"综合型文化教学"模式。受其影响，近年来中国文化教学在研究与教学领域也取得了可喜成绩。虽然国内外关于外语教学中跨文化研究的角度和方法会有所不同，但是对于跨文化研究的几个关键问题还是达成了共识。

二、国内研究的发展

20 世纪 80 年代初，在中国出现的文化热引发了关于语言文化教学的讨论。学者们在以"文化语言学"为旗帜的理论探索中，对语言与文化的关系问题进行了多角度、多方位、多层面的研究。到了 20 世纪 90 年代，这场讨论更为轰轰烈烈，"文化语言学"对国外跨文化交际学说的引进和对各种新的外语教学法的运用尝试，将这场讨论推向纵深的层次，推向一个新的世纪。

众所周知，关于语言和相关文化是否可以分割的辩论，关于要不要在外语教学中导入文化教学的争议都已成为历史。无论是对外汉语教学的专家、语言学家和应用语言学家，还是从事英、法、德、俄、日等外语教学的教师，都在文化教学是外语教学中不可缺少的组成部分这一点上达成了共识。但是，对于如何在外语教学中实施文化教学这个问题的探讨方兴未艾。新观念、新方法、新建议层出不穷，众说纷纭，百家争鸣。

争论的焦点始终围绕着三个关键性的问题：首先，外语教学中的"文化"究竟是指什么？其次，怎样通过各种教学手段使外语和相关文化有机融合，以使外语学习者通过语言习得而习得文化？最后，如何建立一个较为完整、较为系统的理论框架来指导语言文化教学实践？

1. 关于文化的研究

早在西方学者纷纷试图对文化做出科学定义时，近代中国学术界的先驱也对"文化"这个概念做出不同的界定。梁漱溟先生和陈独秀先生对文化的诠释和西方学者的看法大同小异，一脉相承。不同之处主要表现在对文化范围的界定，有"宽泛"和"狭窄"之别。在由文化热引发的语言文化教学大讨论之前，国内外语界基本上沿袭和采纳中外人类学家做出的定义。而从语言教学角度出发，独树一帜，自立定义者要首数对外汉语教学学者张占一等。他们将文化分为"知识文化"和"交际文化"。但是这种将文化两分的做法不可避免地会引起一些争议。国内外语教学界对文化定义所做的较为完整、较为系统的概括与分析可参考胡文仲、高一虹合著的《外语教学与文化》。他们较为详尽地分析了文化定义的复杂性和多样性，并赞同在外语教学中采用人类学家的定义。

2. 关于语言习得和文化习得的研究

以 Chomsky 为首的学派提出了普遍语法（universal grammar），而以 Greenberg 为首的学派则提出了语言的共同性，两派都认为世界上的语言具有共同性，但每一种语言也有其特殊性。因此，普遍语法并不提供现成的语法规则，而是制约个别语言的语法形式，它只是设置一些必须根据输入数据而决定的参数。Chomsky 的普遍语法还有核心语法（core grammar）和周边语法（peripheral grammar）之分。核心语法是语法的普遍规则，而周边语法是某种语言的具体规则。从语言共同性角度看，一个外语学习者总会牵涉两方面的语言知识，一是语言的共同性，母语的特定知识（最基本的应该包括语义、句法和语用知识）。各种语言的共性与个性造成了外语习得过程中的母语迁移现象，并对外语习得产生正面与负面效应。当语言间具有一定的共性时，母语迁移会对外语习得产生正面影响，即正效用；二是每种语言都有各自的特殊性，母语迁移就会对外语习得产生负面影响，即负效用。长期以来，外语界讨论培养学生外语思维时，极力否认或者排斥母语对外语学习的影响作用，这样做实际上只看到了语言的特殊性或者说是差异性的一面，而忽视了语言的共同性这一十分重要的另一面。

随着母语迁移研究的深入，诸多研究者如 Cohen 和 Olshtain，Fraster，Rinte 和

Mitchell 发现了文化迁移或文化定式现象，即在使用外语时却遵守着母语的文化规约。文化负迁移的表现形式有表层迁移，如行为、习惯方面的迁移，以及深层迁移如思想观念、价值观的迁移等。导致文化迁移的根本原因是文化本身的属性如地域性、渗透性和隐蔽性，尤其是渗透性。戴炜栋认为，文化迁移往往会导致语言习得过程中的语用失误，从而导致语言交际的失败。不仅如此，母语迁移的其他核心方面如语义和句法也直接或间接受到文化的影响。

鉴于母语文化迁移的重要性，文化教学在整个外语习得过程中尤显重要，甚至是关键的制约因素之一。当然，从其他理论视角出发，以往研究者也得出了相同的结论。如著名语言学家吕叔湘曾说过，"对于中国学生最有用的帮助是让他认识英汉语语言与文化的差别，在每一个具体问题——词性、词义、语法范畴、句子结构上，都尽可能用汉语的情况来跟英语做比较，让他通过这种比较得到更深刻的领会"。何善芬（2002）认为人们在长期的外语教学实践中逐渐认识到，开展汉外对比研究是提高外语教学质量最有效的方法。对于学习者来说，了解母语和外语的特点，可以帮助他们减少学习中的盲目性，增强自觉性，有利于他们排除母语习惯的负迁移作用，从而达到正确运用外语的目的。

3. 语言教学和文化教学

在语言教学方面，由于受到多种语言理论、语言学习理论和其他学科诸如心理学、社会学、人类学和教育学等理论的影响，各种语言教学法纷纷出现，我们在外语教学中有许多选择。我国台湾学者林寿华将现存的外语教学法列成了一份表。从表中可以看到，列出的教学法基本上都是以语言技能为中心，文化教学的目标至少未给予明显的一席之地。许多对文化教学关注的外语教师较为同意 Damen 的观点，认为确立听、说、读、写四项技能的目标还不够完整，应当考虑语言教学的"第五要素"，即"文化教学"。

4. 结合国外研究的结论

纵观国内外该领域的研究成果，就语言和文化、语言教学和文化教学、语言习得和文化习得的关系而言，各国学者研究的方法和角度存在差异。1997 年，国内学者胡文仲和高一虹分析了国外各种外语教学法中的文化教学以及国内外语教学界有关文化教学的进展和争论以后，敏锐地指出有关文化教学的一个根本分歧："纵观国内外的情形，外语教学中的文化教学似有两条主要的路子，或曰两种理论的指导。第一种是语言文化二元论，即语言与文化是可分的，语言是文化思维的载体，是交际的工具。第二种是语言文化一元论，语言即文化，语言中蕴含着整个文化的世界观、思维方式。"因此我们认为，在讨论大学英语文化教学，尤其是大学英语文化教学策略时，不可避免地要涉及是将语言文化"一分为二"，还是将两者"二合而一"的问题，这就需要国内外学者共同在文化教学的理论研究和具体实践过程中，坚持不懈地进行探索。

总之，不论是在国内，还是在国外，近年来都加强了对外语教学中文化教学的研究，教学目的从单纯的语言技能逐渐转为培养学生的跨文化交际能力，教学内容中则增加了对文化因素的理解和掌握，这对培养学生跨文化交际能力有很大帮助。

第三节 文化教学的目标与内涵

文化教学致力于传授人们交际或与外语教学有关的文化知识，也就是研究两种社会文化的相同和不同之处，使学生对文化差异有较高层次的敏感性，并把它用于交际中，从而达到成功交际的目的。文化意识和跨文化交际能力的培养需要教师的帮助和引导，需要在英语课堂教学过程中，把文化教学融合于语言教学的长期努力。传统意义上的文化教学是教授目的语国家的历史、地理、国家机构、文学艺术以及影响理解文学作品的背景知识。自20世纪四五十年代以来，随着社会科学，尤其是人类学和社会学的发展影响，语言学家、教学专家们开始认识到，了解和分析一个民族的居住环境、生活方式以及他们的思想、行为对于学习该民族的语言十分重要，并研究如何将这些内容纳入文化教学之中。

在关于如何构建文化分析模式、如何选择文化项目以及如何进行文化教学等方面，不少学者提出了各自的见解。华盛顿大学的法语教授H.L.Nostrand认为，文化教学的总目标是跨文化理解和跨文化交际，文化教学除了认知因素以外，还应包括社会和情感因素，后来有学者以此为基础，提出了各自的模式。Seelye确定了文化教学中学生发展的七个方面的内容：第一，受文化制约的行为意识；第二，语言和社会变量的相互作用；第三，一般情况下的常规行为；第四，词和词组的文化内涵；第五，对目标语文化通性的评估；第六，对目标语文化的探究；第七，对其他社会群体的态度。

依据国外相关研究及其涉及的认知、行为和情感因素，我们提出在我国高校英语专业开设跨文化交际学课程应达到的具体目标：第一，探索并理解英语语言，尤其是词组、成语、谚语等形式中的文化含义；第二，关注并理解英语国家民族的行为举止；第三，了解英语国家的文化，深入理解本国文化并能从中西方深层文化的角度探寻、对比、分析其文化差异的根源；第四，关注文化迁移和文化定式现象；第五，培养对英语国家文化及民族的移情能力；第六，能够对中西方文化差异问题进行一般性的分析和评价。在这个文化教学目标框架中，我们强调从中西方（英语国家）深层文化入手，对较典型的表层文化现象进行对比分析。这样，不仅可以使学生探讨文化差异的根源和文化错误的源头，而且还可以为令人费解的文化现象提供理性解释，为跨文化交际提供总体的行为指导。

文化教学不仅仅是讲授不同国家的文化现象或者传授给学生一些文化事实，而是要培养他们的跨文化交际能力。如果学生只是死记硬背一些文化事实，往往会造成在跨文化交际过程中因循守旧、不擅变通的后果，因为文化不是一成不变的。只有真正掌握跨文化交际的原理和技巧，才能以不变应万变，达到得心应手地进行跨文化交际的目的，这才是文化教学的真正内涵。

第四节　文化教学的原则

鉴于文化概念的复杂性和文化内容的宽泛性，语言教学中添加文化教学内容或者渗透文化知识应该遵循一定的教学原则。

一、实用性原则

所谓实用性是指文化教学应结合语言实际，由于文化是不断变化的，所以文化教学内容应是"共时"文化。文化教学过程中教师应尽量将文化背景知识具体化、形象化，避免过于抽象的讲解，否则学生会认为文化内容与日常交际脱钩，无实际应用价值。只有所学的文化内容与其在日常生活交流中所涉及的主要方面密切相关，才能激发学生学习英语的兴趣。

二、阶段性原则

阶段性原则实际上就是要求文化教学的内容应遵循"由浅入深、循序渐进"的原则，学生的语言水平、接受能力因年龄而异，所以在文化教学内容的选择上应遵循"由简单到复杂，由现象到本质"的原则，先从表层文化入手，再逐渐渗透价值观念、宗教本质等深层文化。

三、适度性原则

课堂所讲的文化知识点必须与课文内容密切相关。如果脱离课文讲文化则冲淡了语言教学的目标，其结果是既讲不好文化又教不好英语。文化是包罗万象的，内容广而杂，教师应鼓励学生自己进行大量课外阅读，增加文化积累，以培养学生自主学习的能力，使其终身受益。

四、科学性原则

文化教学要有计划、按步骤地实施，避免主观臆断、以偏概全等问题，要尽可能做到准确、全面、客观。文化可分为主流文化和亚文化，我们在教授英语文化过程中应主要发掘共同的文化知识和模式，而不是某个群体的文化或地域性的文化，更不是个别或单独的文化现象。同时，我们应该注意培养学生的文化平等观，做到既不自高自大，又不妄自菲薄。

第五节 文化教学的内容

实际上，文化教学应该贯穿于语言教学的每个阶段。语言教学既然最终以语用为目的，就必然涉及语言文化的教学。文化因素与语言形式的难易并不一定成正比，简单的语言形式也可能导致语用与文化方面的问题，如在打招呼、表示歉意、表示感谢等情境下使用的一些基本的日常用语，虽然在形式上非常简单，但学生对如何在实际交际过程中得体地运用这些语言却常常心存疑问。所以教师在教学中要自始至终注意结合语用和文化因素，把语言形式置于社会语用功能的背景下进行教学，就能使语言知识富有生命力，使学生逐步提高跨文化交际能力。

文化主要指的是人类在社会历史发展过程中所创造的物质和精神财富的总和，特指精神财富，如文学、艺术、教育、科学等。文化学习涉及以下三方面的内容：

观念文化：宗教、历史、哲学、艺术、科学与技术、价值体系。

制度文化：政治制度、法律制度、经济制度、政治经济关系、习俗、生活方式。

物质文化：服装、饮食、建筑物、交通工具。

鉴于上述文化学习内容纷繁复杂，因此，在实际的课堂教学过程中，教师有必要对这部分内容进行适当的调整和层次分明的安排，重点学习与英美国家有关的文化内容，而简要地学习其他英语国家的文化，或世界范围内的文化，具体如下：

观念文化：历史——英国历史，美国历史，澳大利亚简史，加拿大简史；宗教——基督教、天主教、犹太教、宗教史；艺术——世界美术史、建筑史、音乐史；哲学——逻辑学简介、哲学简介；文学——英国文学、美国文学；科学技术——世界科学技术发展简史；价值体系——英美价值体系。

制度文化：政治制度——英国政治制度、美国政治制度；法律制度——英国法律制度、美国法律制度；经济制度——英国经济制度、美国经济制度；生活习俗——英美生活习俗；礼仪——英美礼仪常识。

物质文化：饮食——英美饮食简介；服装——英美服装流派。

在教学中，我们应以系统性为原则让学生学到较为全面的文化知识，为培养学生的跨文化交际能力奠定扎实的基础。具体到课堂教学，文化教学可以概括为以下五点内容：

1. 教学中注重介绍词语的文化内涵

语言词汇是最明显的承载文化信息，反映人类社会文化生活的工具。词汇是语言的建筑材料，是理解文化的基础，也是学生在听力、阅读等方面的主要障碍。词语的文化内涵，包括词语的指代范畴、感情色彩和联想意义，以及成语、谚语、俗语的比喻义和引申义，都反映了一种文化的好恶。词汇的意义分为概念意义和文化意义。概念意义指词汇的语言意义；文化意义则指词汇的感情色彩，风格意义和比喻意义等。文化意义是指某一文化群体对一客体本身所做的主观评价，同一客体在不同文化的人中产生的联想意义不同。词语在文化上的差异是学好外语的一大障碍，因此，在词汇教学中要注意词语的文化意义在目标语和母语之间的对比。

2. 文化背景知识

背景知识是英语文化的重要组成部分。研究表明，在阅读过程中，理解文章的关键在于正确地使用已有背景知识去填补文中一些非连续实施空白，使文中其他信息连成统一体。英语语言国家的民族文化、社会行为模式、历史、地理等方面的知识是学生产生合理的推测和联想的基础，有助于其更好地理解文章的含义。

3. 教学中挖掘中英两种语言在句法和篇章结构上的差异

教学中要提醒学生中英两种语言在句子结构形式的差异，即汉语句子重意合，英语句子重形合；汉语的时间概念由时间状语表达，英语的时间概念由动词的时态变化来表达。

在篇章结构上，英语主要呈直线型，汉语篇章主要呈曲线形。英语的段首一般是开门见山的主题句，然后按一条线展开，整个段落围绕主题句展开，每个句子都与主题密切相关；汉语则讲究"曲径通幽"，叙述和论证时一般是含蓄而委婉。

中国学生常犯的错误是用汉语的模式来写英语文章，外国人读了感到不知所云。因此，在学生的阅读和写作教学中要加以正确的引导，使他们能够准确掌握并且运用英语的行文习惯。

4. 教学中介绍英语的交际习惯和行为方式

文化制约着人们的一切行为，包括语言行为。不同文化背景有不同的语言习惯和行为方式，在教学中要注意培养学生对目标语与母语在交际习惯和行为方式差异方面的敏感性，提高学生跨文化交际能力。交际文化的导入应从下面两个方面来进行：

（1）言语交际文化：包括祝愿、称谓、问候、致谢、赞辞、禁忌、委婉语、告别、打电话等。

（2）非言语交际文化：包括身体动作、面部表情、衣着、服饰、音调音量、时间空间的利用等。

例如，在日常交往中，英语国家的人喜欢谈论天气、地理位置等话题，而把年龄、工资、婚姻状况等作为禁忌的话题。中国人喜欢用"你吃了吗？""去哪儿呀？"来打招呼寒暄，而英语中"Have you had your lunch？"（你吃了吗？），则表示向对方发出邀请的意思。再如，中国在接受礼物时，习惯推辞几次才接受，当着客人的面打开礼物被认为是不礼貌的，而英语国家的人则习惯当场把礼物拆开，并且要赞美几句。教学中要让学生了解差异并以本族人的观点去理解目的语文化，使他们具备进行得体而有效的跨文化交际的能力。

5. 教学中比较价值观念和思维方式

在跨文化交流中，由于交际者双方都有各自的价值观念和思维方式，因此经常出现矛盾和冲突，导致跨文化交际难以顺利进行。价值观是任何社会和文化中的人们生活的准则，思维方式和道德标准是文化的核心内容。在教学中，要使学生了解中英两种语言在价值观念和思维方式上的异同，使学生能在交际中做出正确的预测，完成有效的跨文化交际。

第六节 文化教学的模式

要有效地开展文化教学，首先必须找到行之有效的教学方案或方法。事实证明，教师不可能在讲每一个语言项目时都把与之相关的所有语用功能全部介绍给学生，这是违反认知规律的。目前我国外语教学的弊病之一就是讲者不厌其烦，力求一次讲全、讲透。在介绍一个新语言项目时，往往以点带面，全面开花，字典搬家。应试教育和结构主义理论的影响更起了负面推动作用。交际法教学注重语言功能训练。具体语言形式的功能会随语境的变化而变化，使用中涉及很多相关的社会因素，只有逐步介绍、训练，循环往复，学生才能体会到不同语境中语义的差异并逐步掌握，进而形成语言能力。基于对文化教学在培养学生跨文化交际能力方面成效的肯定，对于文化教学模式的研究渐成规模。目前，文化教学的模式以陈申先生的研究为比较全面，陈申先生在《语言文化教学策略研究》一书中共总结了三种文化教学模式：首先，以"区域文化学"为代表的方案是一种以知识为基础的外加型文化教学方案；其次，以"交际教学"为旗帜的方案反映出一种以行为为重点的融合性语言文化教学方案；最后，以"跨文化交际"为标志的方案体现了一种以意义为中心的综合性文化教学方案。

一、地域文化学习兼并模式

将文化引入教学当中是一次由"传统"向"科学"改革的重要尝试。早期的语法翻译法在外语教学中的效率越来越受到语言教学者和教学研究者的质疑。语言学和心理学的发展别开生面地为语言教学提供了科学的理论根据。人们开始意识到语言本身和语言的使用情景是不可分割的,形式和意义应当在语言的使用过程中同时学习。

人类学和社会学的发展也为文化教学开辟了新的方向。第二次世界大战期间,受人类学和社会学领域内的进展影响,"地域学"在美国许多大学涌现出来。1940年前后,西方工业国家的人类学家采用实地调查人种史的方法,对许多土著文化进行研究,得到许多惊人的发现。与此同时,社会学和社会心理学的进展速度也相当可观,其研究成果与人类学发现被一起应用到外语教学中的文化教学方面。

兼并模式是文化教学在外语课程中完全明朗化和公开化的重要里程碑。自此,外语课程的设置必须考虑到相关的文化部分,有目的、有计划地使语言教学和文化教学相辅相成。地域学,或者目的文化学习,以跨学科的形式与外语教学相结合,在外语课程中起到重要作用。在这种地域文化兼并模式指导下,"文化作为知识"是组织教学的基本原则,强调专注于使用目的语国家的相关文化的学习是这一模式的特点。

本模式在外语教学中至少具有两个重要意义:第一,在理论上确立了文化在外语教学中的作用;第二,在实际教学中积累了许多行之有效的策略,文化教学被正式赋予了合法地位。但是,本模式同时也面临着挑战,即文化教学并不一定要采用目的语来教学,在客观上文化教学和语言教学可以相对独立,自成体系。如此一来,外语教学中的文化教学就是画蛇添足的部分了。

二、模拟交际实践融合模式

人们对交际的重视始于对Bloomfield的经典的结构主义语言学的质疑,首先是Chomsky提出了"转换生成语法",以其为代表的语言革命彻底动摇了统治已久的结构主义语言学。人们意识到,结构主义过于教条,对于现实生活中的许多语法现象和语言应用无法做出解释,所以,结构主义过于强调语言的形式而忽略了语言的意义。这场语言革命开辟了探索创立语言教学法的新途径,为交际教学法的出现奠定了基础。

交际教学是在欧洲首先流行起来的,美国的"语言革命"对欧洲的语言教学产生了极大震动,如何发掘语言的功能和交际潜力成为语言学家们关注的焦点。欧洲共同体的形成也为交际教学在欧洲的发展推波助澜,20世纪60年代中叶到20世纪70年代初期,随着各国相互依赖的关系日益强化,欧洲共同体的协同经济发展使就业机会大大增加，一些国家出现技术人员或劳工缺乏问题，便由吸引共同体内他国的移民来解决。怎样帮助移民劳工在新的文化环境中立足，在最短的时间内有效地掌握所在国的语言文化成为迫切需要解决的问题。于是在欧洲委员会的鼓励下，语言学家们开始研究一种语言学习系统。1972年，著名英国语言学家D.Wikins根据她对语言功能和语言交际的剖析，写出了影响深远的《意念大纲》，为外语教师提供了教学指导，使交际教学在欧洲开始盛行。

交际法虽然起源于欧洲，但很快就被北美和大洋洲的人们所接受，到了20世纪70年代已扩展到世界各地。

与兼并式教学法相比，交际法中的"文化部分"不再是明显的文化知识的介绍和讲解，与目的语相关的文化教学是通过让学习者模拟外国人在交际中使用目的语来实施的，交际中目的文化主要表现为语言行为。"文化作为行为"的观念自始至终体现在教学过程中。

交际法强调了语言的社会功能，自然地将文化教学和语言教学连到了一起。语言和文化通过交际行为的自然融合，解决了人们对兼并式教学法中文化不一定需要用目的语讲解的疑问。

三、多元文化互动综合模式

冷战的结束和全球化的来临使世界进入了一个前所未有的发展阶段。建立一种和谐的国际关系是经济和政治发展的共同需要。全球化使世界各国的文化在一个大环境下产生鲜明的对比，一些经济强国依赖高科技和先进的媒体使自己的文化为更多的人所认识和认可。但是，全球化并没有使人们放弃自己的民族文化身份，面对他国文化的同化与兼并，国际上要求对所有文化一视同仁的呼声越来越高。随着时代的进步，大多数国家推行了多元文化的政策，至少从理念和法律上承认各民族文化是平等的。

在理论上，后结构主义的兴起为文化的多元性做出了解释。与结构主义相反，后结构主义哲学反对固定的模式，提倡摒弃框架的禁锢，认为世界是多元的，怀疑绝对真理的存在，从而促进人们思想上的解放。这种对传统和习俗的批判解除了它们对教和学的束缚，使多元共存成为西方教育改革的一个潮流。

另外，跨文化交际研究的发展也为这一文化教学模式提供了催化剂。虽然跨文化交际现象早在人类进行交际时就已存在，但是对跨文化交际的系统研究是在近几十年才渐成规模的。随着各国之间的交际渗透到各个领域，用跨学科研究方法来处理不同文化之间的接触和互动的趋势正不断地深入和扩大。在西方的一些大学里，跨文化交际作为一门课程出现在教学计划中，大量的有关书籍、文章和研究成果相继出现，有力推动了语言文化教学的改革。

多元文化互动综合模式的文化教学更加反映出时代的特点，更加适应全球化经济和多元文化社会的需要。在时间层次上，该模式从重视目的文化转向重视双向文化，认为学习者必须先学习自己的文化，以互动的方式与目的文化发生关系，从而确定双向文化教学的方向。同时，该模式兼取了兼并模式和融合模式的特点，既重视文化知识的学习，又强调交际行为的重要性。在教学过程中不求统一的框架和完整的系统，表现出高度的灵活性和综合性。

多元文化互动综合模式将培养学生解决问题的能力放在首位。这种以能力为本的教学将"知识"和"行为"有机地联系起来，反映出它们之间相辅相成的动态关系和发展机制。虽然该模式基于后结构主义理论，不强求统一的教学方法，但并不代表这一模式的文化教学可以毫无规矩。不同的国家有不同的国情和发展计划，有针对性地选择目的文化，将之与本族文化进行精辟的对比和研究，在教师的引导下，增加师生之间的互动，使学生在学习知识的同时增强交际能力，才是这一模式的本质。

第七节　文化教学在中国的发展前景

语言教学中的文化教学不是深不可测的难点。陈申先生在《语言文化教学策略》一书中提出了对语言文化学习的建议，认为首先要做的是"学而知"，对目的文化内涵和表现的学习和理解是必不可少的第一步。充分利用现有的各种先进科技、媒体来传播和介绍文化知识，并鼓励学生养成独立思考、分析并将外部知识吸收并转变为自己的内在知识的习惯。其次是要"学以用"。文化知识的学以致用是文化教学的最终目的，虽然文化教学并不要求学生放弃自己原有的文化价值而去接受另一种文化价值，但对于学生来说，在实际应用中权衡不同文化的价值观念，在交际过程中不卑不亢，达到有效交际的目的才是学有所成的标志。最后应达到"学求新"的境界，由于文化是随时代发展而不断变化的。学习者需要用已知去探求未知，运用所学的文化和交际知识去解释和分析实际交际中碰到的新问题，培养自己的文化洞察力和文化创造力。

文化渗透于人们生活的每一个方面，文化教学也应存在于所有的语言教学中。教师在教学生如何问候别人时，即使只介绍一种形式的实际用法，只要从语用角度讲是正确的，他就传授了语用原则与文化知识；学生如果通过训练掌握了这一形式的运用，教师也就是在帮助学生逐步发展文化语用能力。尽管这种学习可能是零散、不系统的，学生却是在沿着正确的语言学习道路前进。教师自己不应该也不应要求学生学习好了语言形式再去实践，或者掌握了语用知识再去实践，而应在实践中学习、发展语用能力。跨文化交际能力的培养只能在交际中实现。

文化教学在中国有着很好的市场和前景。无论是中国学生的外语学习，还是面向外国人的对外汉语教学，都需要文化教学的理论和实践支持。开展文化教学不仅有利于形成学生的国际视野，了解世界文化，适应未来社会发展的需求，真正成长为具有深厚的知识积淀和广阔的文化视野的全方位人才，而且还可以使学生反观中国文化，认识到中国文化源远流长，浩瀚无垠，在世界文化体系中占据着极为重要的、不可替代地位。因此，我们说，民族的就是世界的。但是，中国文化毕竟只是世界文化的一部分。因此，中国文化并不是全部，更不能囊括一切。从历史的宏观角度看，中国文化的形成，得到了丰富的外来文化的滋养和调节，中国文化从来就不是封闭的凝固之物，而是开放的，经过了海纳百川的演变。在当今世界文化交互影响、彼此具有千万缕联系的时代，只有宏观、彻底地比较研究，才能真正找到中国文化在世界文化中的位置；才能更清楚地把握中国文化发展史的来龙去脉，才能始终抓住并依托中国文化的根本，把她推向世界文化的大舞台。

第二章 对外汉语教学的理论

对外汉语教学经过 21 世纪初的发展和建设，在各方面都取得了令人瞩目的成就。特别是中介语理论的引入、汉语水平测试研究、中高级汉语教学研究、教材编写研究、语言教学中文化问题的讨论、"结构—功能—文化"相结合教学法原则的提出和探讨、语言学习理论研究、语言教育问题的提出和讨论等，不仅活跃了理论研究，而且对学科建设和教学实践的深入都起到了很好的促进作用，成为学科发展和繁荣的重要标志。

第一节 对外汉语的学科理论研究

一、学科理论基础研究概述

第二语言教学是一门跨学科的学科，其学科理论基础对其发展有着重要的影响，因此，对第二语言教学学科理论基础的研究，一直是第二语言教学理论研究的重点。汉语作为第二语言教学的重要学科同样十分重视对学科理论基础的研究。下面我们首先回顾一下 20 世纪 80 年代初以来，对外汉语教学界有关这一问题的一些基本认识。

吕必松在《关于语言教学法问题》中指出，"语言教学法实际上是语言规律、语言学习规律和语言教授规律的总和"，探索和阐明这些规律"必须依靠语言学、心理学（心理语言学）和哲学的理论指导"，所以"语言学、心理学（心理语言学）和哲学是语言教学法的理论基础"。黎天睦在《现代外语教学法——理论与实践》中着重介绍和分析了现代外语教学法的心理学基础和语言学基础，以及外语教学中的社会与文化因素。

盛炎在《对外汉语教学理论研究中几个热门问题的思考》中认为，汉语教学理论体系的理论基础"应该是多学科性的，其中哲学、语言学、心理学和教育学是必不可少的"；其在《语言教学原理》中又进一步指出，哲学是语言教学理论体系最深厚的理论基础，现代语言学是汉语教学理论体系的最直接的理论基础，心理学也是语言教学理论体系的重要理论基础，教育学与语言教学的关系最为直接、最为密切。

张亚军在《对外汉语教法学》中认为，语言学理论基础和教育学理论基础是中国对外汉语教学体系的理论基础。也就是说，对外汉语教学的理论基础"是以现代语言学理论和传统语法为语言学理论基础，以中国传统的教育学理论中的合理因素作为教育学基础，同时也借鉴了其他外语教学法理论的研究成果"。

刘珣在《对外汉语教育学引论》一书中指出："作为一门交叉学科，对外汉语教学受到多种学科的启示和影响。其中，语言学、教育学、心理学和文化学已成为对外汉语教学最直接、最重要的理论基础。"

综上可以看出，人们对对外汉语教学的学科理论基础的认识基本是一致的，并且跟教学性质相同的我国外语教学界的看法也大致相同。例如，章兼中在《国外外语教学法主要流派》中认为，"外语教学法是一门综合性的科学。它与哲学、教育学、语言学、心理学、社会学等邻近学科有着紧密的联系"。应云天在《外语教学法》（新本）第二章"外语教学法和相邻学科"中，同样谈到了外语教学法的理论基础是哲学、教育学、心理学和语言学。实际上国外同行也持类似看法，例如坎贝尔认为，语言学、心理学、社会学和人类学理论是外语教学理论的源泉。斯顿认为外语教学的理论基础包括语言教学史、语言学、社会学、社会语言学、人类学、心理学、心理语言学、教育学等研究成果。

应该指出的是，上面引文中所说的"外语教学法"或"语言教学法"都是广义的，指的是教授语言和学习语言的科学，即揭示和探讨第二语言教学规律、教学原理的科学。因此，所谓语言教学法或外语教学法的理论基础（或称相关学科、邻近学科等），就是这里说的第二语言教学或外语教学的学科理论基础。

总的来看，人们提到的第二语言教学或外语教学的学科理论基础，主要的不外乎哲学、语言学、教育学、心理学、文化学这五个主要学科，所提到的其他学科或理论有不少可以看作是这几门学科的分支学科或可以归到这几门学科中。比如，与第二语言教学相关的社会学，主要是指社会语言学，而社会语言学是语言学的一个分支。同样，与第二语言教学相关的人类学，主要指的是文化人类学，这部分内容实际上包括在所谓的文化学里。在这五个学科中，哲学无疑是第二语言教学的学科理论基础，因为哲学为任何一门具体学科提供了认识论和方法论的指导。另外，语言学、教育学和心理学几乎是国内外第二语言教学界公认的第二语言或外语教学的学科理论基础。第二语言或外语教学实际上是一种跨文化的语言教学（这正是它区别于母语教学的一个重要特征），这种教学无法不涉及与目的语相关的文化现象和文化因素，因此文化学中的跨文化交际理论以及文化对比研究的成果，自然就成为第二语言教学的理论基础之一。这样大致可以说，哲学、语言学、教育学、心理学和文化学是对外汉语教学最重要的理论基础。

二、学科理论研究中的交叉性和出发点问题

由于对外汉语教学的学科理论具有综合性和跨学科性，所以我们在研究具体问题时必然要面临这样一种情况，即研究的内容普遍存在着交叉性。例如，语言理论、文化理论、语言学习理论和一般教育理论这四种基础理论之间存在着交叉性。再如，在讨论语言学习理论问题时，不可能不涉及语言理论、文化理论和一般教育理论方面的问题；在讨论文化理论和一般教育理论时，如果结合语言教学，也不可能不涉及语言理论和语言学习理论。结合语言教学讨论任何一个领域的问题都离不开语言理论，所以语言理论是这四种基础理论的交叉点，其独立性和支配力也最大。

基础理论和教学理论之间存在着交叉性。由于基础理论是教学理论的理论依据，教学理论是对基础理论的综合应用，所以在讨论教学理论问题时，不可能不涉及各项基础理论；在讨论有关的基础理论问题时，只要结合语言教学，就必然要涉及教学理论方面的问题。

教学理论和教学法之间存在着交叉性。由于教学理论是教学法的理论依据，教学法必须受教学理论的指导，所以在讨论教学法问题时，不可能不涉及教学理论；研究教学理论的目的是揭示教学的客观规律、指导教学原则的制订以及教学方法和教学技巧的选择和创造，所以在讨论教学理论问题时也必然要涉及教学法问题。

各个领域内部的各项内容和命题之间存在着交叉性。比如，在教学法内部，教学原则、教学方法和教学技巧有交叉，在讨论教学技巧问题时，不可能不涉及教学原则和教学方法。在讨论教学方法问题时，也不可能不涉及教学原则方面的问题。又如，教学方法内部各项内容和命题之间也有交叉，在讨论言语技能和言语交际技能训练方法问题时，不可能不涉及语言要素的教学和有关课程的教学。言语技能和言语交际技

能的训练是语言教学最基本的手段,在讨论语言要素的教学和有关课程的教学问题时,如果不涉及言语技能和言语交际技能的训练,就有可能离开问题的实质。

不同的研究内容之间存在着交叉性,这是综合学科和边缘学科的理论研究中普遍存在的现象;语言、语言学习和语言教学的复杂性决定了语言教学的理论研究中的交叉现象更为突出。因为存在着这样的交叉现象,所以我们在从事研究工作和进行写作时,就需要首先确定研究的出发点。以课程研究和技能训练研究为例:课程研究的任务之一是研究某一门课的教学,探讨或揭示这门课的特点和规律,提出这门课的教学内容、教学原则和教学方法以及教材编写和其他有关的问题;技能训练研究的任务之一是探讨某项言语技能的训练方法,包括体现在教材中的方法和课堂教学方法以及提供什么样的语言环境等。这两类研究都要涉及教材和课堂教学以及体现在教材和课堂教学中的教学方法问题,这就是交叉性。但是这两类研究的出发点和目标都不相同,我们在开展研究和进行写作时,首先要分清研究的出发点和要达到的目标,否则就抓不住研究的中心,写出的文章也会不得要领。再以教学内容和教学方法问题的研究为例:讨论教学内容和教学方法问题的文章不少,但是有些文章在论述教学内容问题时,往往不区分讲的是教学的全部内容,还是某一门课或某几门课的教学内容。比如,讲文化内容的教学,往往不区分讲的是文化因素教学在对外汉语教学中的地位,还是专门开设的文化课中的文化内容,或者是语言课中的文化因素,而这几个方面的问题属于不同的命题,虽然都是文化内容,其性质和范围却有很大的区别,如果不加以区分和界定,读者就会一头雾水。有些文章在论述教学方法问题时,不区分讲的是体现在教材中的教学方法,还是课堂上的教学方法,或者是传授语言要素或训练某一项言语技能的方法,而这几个不同方面的教学方法所包括的范围是不一样的,如果不严格界定,读者就会不知所云。确定研究项目的出发点和目标,是对研究工作最起码的要求,只有这样,才能使研究工作走上科学的轨道。

第二节　对外汉语的学科理论基础

一、基础理论

语言教学跟其他事物一样，也有自己的规律，只有按照语言教学的规律进行语言教学，才能取得应有的教学效果。实践证明，语言教学规律是由语言规律、文化规律、语言学习规律和一般教育所共同决定的，是这几种规律的综合体现。因此，我们研究语言教学问题时，必须把研究这些规律的理论，即语言理论、有关的文化理论、语言学习理论和一般教育理论作为自己的理论依据，也就是说，上述四种理论都是对外汉语教学的基础理论。

（一）语言理论

对外汉语教学教的是汉语，目的是培养学生的汉语能力和用汉语进行交际的能力。为此，必须有计划地进行汉语的语音、语法、词汇等语言要素的教学，必须有计划地进行听、说、读、写等言语技能和相应的言语交际技能的训练。要有计划地进行语言要素的教学和言语技能、言语交际技能的训练，就必须应用语言理论。这里所说的语言理论，既包括普通语言学理论，特别是其中关于语言的本质和特点的论述，也包括所谓"特殊语言学"理论，即汉语理论和其他有关语言的理论等，尤其是其中关于汉语和其他有关语言的特点的论述以及对汉语和其他有关语言的语言事实的描写。对语言事实的描写，实际上是对语言规律的描写，是具体揭示语言规律的，所以我们也把它归入理论范畴。作为语言教学的基础理论之一的语言理论还包括语言学的其他分支学科，如社会语言学、对比语言学、比较语言学、语用学、方言学、语言发展史等，因为语言学的这些分支学科从不同的侧面揭示了语言的特点和规律。语言理论总是从宏观和微观两个方面对语言教学发挥指导作用。对于语言的本质和特点的论述，是语言教学理论和语言教学法研究所不可缺少的理论依据，任何一种语言教学理论和语言教学法流派都要以一定的语言理论作为自己的理论背景。没有结构主义语言学和行为主义心理学，就不会有听说法的理论、原则和方法的产生；没有社会语言学和心理语言学，就不会有功能法的理论、原则和方法的产生。这就是语言理论对语言教学的宏观指导作用。对语言事实的描写，包括对语音、词汇、语法、修辞、语用规律和规则的描写，关于话语和篇章规律和规则的描写以及有关的定性、定量研究等，对语言教学的总体设计、教材编写、课堂教学和测试等具体教学活动有直接的指导作用，是这些具体教学活动所不可缺少的理论依据。任何一部语言教材都包含着编者对所教语言的语言规律和规则的认识以及或详或略的描写。可以说，没有对语言的规律和规则的描写，语言教学就寸步难行。这就是语言理论对语言教学的微观指导作用。

（二）有关的文化理论

语言是文化的载体，不同民族之间的文化差异有许多就表现在语言和交际中，而人们在学习第二语言的过程中，必然会遇到大量不熟悉或难以理解的文化现象，这些文化现象常常成为理解和使用目的语的障碍，因此在开展第二语言教学时必须同时进行跟语言理解和语言使用有关的文化因素的教学。要有计划地进行文化因素的教学以消除第二语言学习和使用中的文化障碍，就必须应用有关的文化理论。影响语言理解和语言使用的文化因素多半是隐含在语言的词汇系统、语法系统和语用系统中的反映一个民族的心理状态、价值观念、生活方式、思维方式、道德标准和是非标准以及风俗习惯、审美情趣等的一种特殊的文化因素，这类文化因素对语言和交际有规约作用，但是本民族人往往不容易觉察，只有通过对不同民族的语言和交际的对比研究才能揭示出来。因为这类文化因素跟语言和交际（包括语言交际和非语言交际）密切相关，所以可以称为交际文化，研究这种交际文化的理论可以称作交际文化理论；因为这类文化因素只有通过语言和交际的对比研究才能揭示出来，所以研究这种文化的理论也可以称作比较文化理论。这类文化理论也总是从宏观和微观两个方面指导语言教学。作为一种理论系统及其所包含的理论观点，这类文化理论是语言教学的教学理论和教学法研究不可缺少的理论依据，这是宏观方面的指导作用；对文化差异事实的具体描写是总体设计、教材编写、课堂教学和测试等教学活动所不可缺少的理论依据，这是微观方面的指导作用。

（三）语言学习理论

语言学习和获得有特殊的心理过程。学习和获得语言的心理过程跟学习和获得其他科学文化知识的心理过程不完全一样，学习和获得第二语言的心理过程跟学习和获得第一语言的心理过程也不完全一样。语言学习理论主要是研究语言学习和获得的心理过程、揭示语言学习和获得的客观规律，目前属于心理学和心理语言学研究的范围。语言学习理论的研究对语言教学至关重要，因为如果不掌握语言学习和获得的规律，语言教学就会陷入盲目性，语言教学理论也会因为缺少可靠的理论依据而如同一所建立在沙滩之上的房子一样。过去有人说过，语言教学要研究两个基本的问题，一个是教什么，另一个是怎么教。"教什么"是教学内容方面的问题，"怎么教"是教学法方面的问题，这两个问题之间有一定的内在联系，即"怎么教"是由"教什么"决定的，而不是"怎么教"决定"教什么"。但是，同样的内容也可以用不同的教学法来教，这说明"怎么教"除了要由"教什么"来决定，还要由其他因素来决定。在其他因素中，最重要的就是对语言学习规律的认识。因此，研究语言教学至少要着眼于三个方面的问题，即学和教的内容、学习者怎么学、执教者怎么教。只有对这三个方面的问题以及它们之间的相互关系展开全面研究，才有可能全面揭示语言教学的客观规律。

语言学习理论的一个重要组成部分是中介语（interlanguage）理论。我们这里所说的中介语，主要是指第二语言学习者在学习过程中所形成的一种特定的语言系统，这种语言系统在语音、词汇、语法、语用等方面既不同于学生的第一语言，也不同于目的语，而是一种随着学习的发展向目的语的正确形式逐渐靠拢的动态的语言系统。由于这是一种介乎第一语言和目的语之间的语言系统，所以人们把它叫作"中介语"或"中间语"。国外中介语研究的部分结果认为，学生习得第二语言的语法结构有一定的顺序，这种顺序与儿童习得第一语言的顺序相似，且这种顺序并不因学生第一语言的不同而不同，但是不同的第一语言的人通过某一特定阶段所需时间的长短不一。这一结论是否符合外国人习得汉语的事实，还需要通过我们自己的研究去证实。如果能够对第二语言学习者的汉语中介语做出全面、客观的描写，对外汉语教学的教学理论和教学实践就可以建立在更加科学的基础之上了。这里专门提出开展中介语研究的问题，是因为笔者个人认为，中介语研究可以作为语言学习理论研究的一个突破口，同时可以通过开展这方面的研究去带动错误分析和对比分析的研究。把错误分析、对比分析和中介语分析结合起来进行研究，不但对心理语言学研究和语言教学研究是必要的，而且对语言学的研究也具有重要意义。

（四）一般教育理论

语言教学也是一种教育活动，所有的教育活动都要应用一般教育理论。对外汉语教学的许多教学原则，如针对性原则、趣味性原则、循序渐进的原则等，都来源于一般教育理论。对于上面的四种基础理论，我们不可能进行全面的研究。从必要性和可能性相结合的角度考虑，笔者认为我们研究的重点应当放在语言理论、语言学习理论和有关的文化理论方面。即便是这几个方面，我们也不可能进行全面的研究，因为每一个方面的内容都非常广泛。在语言理论方面，重点又应当放在汉语研究和汉外对比研究方面；在文化理论方面，主要是交际文化的研究；在语言学习理论方面，应当集中较多的力量去开展中介语研究。

二、教学理论

对外汉语教学的教学理论的研究对象是对外汉语教学本身，研究的内容十分广泛，涉及整个教学过程和全部教学活动以及跟教学有关的各种内部和外部因素在教学中的作用。例如，对外汉语教学的性质和特点；教学结构及其各构件之间的相互关系；教学类型和课程类型；关于总体设计、教材编写、课堂教学和测试等各个教学环节的理论；有关课程的特点和规律；语言要素教学的特点和规律；言语技能和言语交际技能训练的特点和规律；与教学有关的各种因素在教学中的作用，等等。

对外汉语教学的教学理论研究的目的是揭示对外汉语教学的客观规律。前面提到，语言教学规律是由语言规律、文化规律、语言学习规律和一般教育规律等共同决定的，是这几种规律的综合体现。要揭示对外汉语教学的客观规律，要使对外汉语教学成为一门真正的科学，就必须通过专门的研究，从语言理论、有关的文化理论、语言学习理论和一般教育理论中吸取有用的成分，加以综合、梳理，将这些有用的成分统一起来，形成能够全面指导对外汉语教学的理论系统。这样的理论系统就是对外汉语教学的教学理论。这样的理论系统同时也说明，对外汉语教学的教学理论具有综合性和跨学科性。这也是对外汉语教学本身的重要特点。如果仅仅以某种基础理论，如仅仅以语言理论或仅仅以一般教育理论指导对外汉语教学，就容易产生片面性。对外汉语教学的教学理论的综合性和跨学科性决定了它是唯一能够全面指导对外汉语教学的理论，是对外汉语教学的学科理论的核心，是对外汉语教学学科存在的主要标志，它的成熟程度代表了这个学科的成熟程度。我们说对外汉语教学的学科理论还不太成熟，主要是指教学理论还不太成熟，因为我们的教学理论还没有形成完整的系统。

研究对外汉语教学的教学理论不但要综合应用有关的基础理论，而且要在应用这些基础理论时从对外汉语教学的实际需要出发，紧密结合对外汉语教学的实践经验，包括有计划地调查研究和教学试验。之所以强调这一点，是因为有关的基础理论的内容非常广泛，而且学派林立，其中许多理论都还处于发展的过程中，有的甚至还处于发展的初期，还很不成熟。如果不从教学的实际需要出发，就不知道众多的基础理论中哪些是有用的成分，就会把大量跟对外汉语教学无关的理论当成有关的理论，或者把次要的当成主要的，眉毛胡子一把抓，从而影响教学理论自身的简明性；如果不结合教学实践经验，就会把基础理论中所有的理论观点都当成正确的理论，就会对各种理论观点不加分析地兼收并蓄，从而影响教学理论自身的科学性。对外汉语教学的教学理论研究不应当仅仅是对语言理论、有关的文化理论、语言学习理论和一般教育理论的被动应用，而应当是一种主动创造的过程。要使对外汉语教学的教学理论的研究具有创造性，就应当根据教学实际的需要从有关的基础理论中吸取有用的成分，加以综合、梳理，从而达到融会贯通；对不同的理论观点则要根据教学经验，特别是有目的、有计划的教学试验，辨明是非而加以取舍；对被教学实践充分证明为不全面、不正确的理论观点加以补充、修正；对尚未发现或尚未被多数人认识的理论，要通过自己的研究去加以发现并进行阐述。对外汉语教学的教学理论研究的任务之一就是以自己的研究成果去补充、修正有关的基础理论，阐明尚未被多数人认识的理论。

三、教学法

（一）教与学的关系

涉及的主要问题是以教师为中心还是以学生为中心。以学生为中心这一理念已经得到了广泛的认可。所谓以学生为中心，就是教学计划的制订、教学内容的选择和编排、教学方法的选择和运用等，都必须从学生的特点出发，充分考虑学生的年龄特征、文化程度、原有语言跟目的语的关系、学习目的和实际需要等。在课堂上，主要的活动者是学生而不是教师，整个课堂教学过程就好比演戏，学生是演员，教师是导演。以教师为中心，就是不考虑学生的特点，教师根据主观设想和传统习惯决定教学内容和教学方法。在课堂上，教师演独角戏，一个人包揽了整个课堂活动。笔者认为，教师在教学中只能起主导作用，不应当成为教学的中心，这就是以教师为主导、以学生为中心的原则。

（二）教学内容与教学方法的关系

涉及的主要问题是教学内容决定教学方法，还是教学方法决定教学内容。应当教学内容决定教学方法。以言语要素中的语法教学为例：有些语法点的讲解适合用归纳法，有些语法点的讲解适合用演绎法；但是采用演绎法还是采用归纳法，要看是什么样的语法点，不应当首先认定语言知识的教学只能用归纳法，然后根据这样的思路编排教学内容。这就是教学内容决定教学方法的原则。当然，教学方法不但要由教学内容来决定，而且要由其他因素来决定，因为同样的内容也可以用不同的方法来教。

（三）教学内容中语言与文化的关系

要防止两种倾向：一种是只教语言，不介绍跟语言理解和语言使用有密切关系的文化背景知识；另一种是把语言教学仅仅当成传播文化知识的途径。这两种倾向都不符合语言教学的要求。语言教学就是教语言。但是为了使学生正确理解和正确使用所学的语言，教师必须结合有关言语内容的教学和言语技能、言语交际技能的训练，并介绍有关的文化背景知识。我们虽然认为文化知识的教学是语言教学不可缺少的一项内容，但是必须强调指出，因为我们所说的文化知识就存在于语言和语言交际之中，所以在教学方法上，文化知识的教学应当从属于言语要素的教学以及言语技能和言语交际技能的训练，与言语要素的教学以及言语技能和言语交际技能的训练紧密地结合起来。这就是语言教学与文化教学相结合的原则。

（四）形式结构教学与语义结构教学的关系

在结构主义语言学以及以结构主义语言学和行为主义心理学为理论基础的"听说法"的影响下，语言教学中普遍存在着忽视语义结构的教学而造成形式结构与语义结构相脱节的情况。这是语言教学中存在的弊端之一。人们学习语言必须建立形式结构和语义结构的联系，因此在教学中必须把形式结构的教学与语义结构的教学有机地结合起来。这就是形式结构教学和语义结构教学和谐统一的原则。

（五）言语要素的教学与言语技能和言语交际技能训练之间的关系

一个人对语言的掌握最终要体现在言语技能和言语交际技能上。言语技能和言语交际技能是个人运用语言的技能，总是跟具体的人联系在一起。因此从课本上看不到言语技能和言语交际技能，只能看到包含言语要素的言语材料。教师上课的时候，就是要利用课本上的言语材料训练学生的言语技能和言语交际技能。对课本照本宣科，只是在传授言语要素而不训练言语技能和言语交际技能，并不是语言教学。现在有许多语言教材缺少训练言语技能和言语交际技能的练习项目，多数练习项目都是理解性练习，缺少真正的交际性练习，这也不符合语言教学的要求。无论是在教材中还是在课堂教学中，语言要素的教学都要围绕言语技能和言语交际技能的训练来进行。这就是以言语技能和言语交际技能训练为中心的原则。

（六）理论讲解与言语操练的关系

对不同的教学对象要区别对待。例如，对文化程度较低、没有任何语言学知识的学生，不宜讲解语言理论和语言知识，而要结合实物和实情，结合语言环境和上下文进行言语操练。对有一定的语言学知识或理解能力较强的学生，可以适当介绍一些理论知识，但是要结合所学的言语材料，目的是让学生正确理解和正确使用所学的语言，帮助他们举一反三，不能为理论而理论。理论讲解的时间不宜过多，一般不宜超过课堂教学时间的四分之一，最多不应超过课堂教学时间的三分之一。对文化程度较高的学生，可以多讲一点语言知识，但是最好也不要超过课堂教学时间的三分之一。这就是"精讲多练"的原则。

以上关于对外汉语教学的研究对象和研究范围的认识，跟国外某些学者在认识上主要有以下几个方面的区别：语言教学的基本理论不但包括语言学，而且包括心理语言学、语言教育学和"比较文化"的理论，不赞成把语言学以外的理论都看成应用理论；我们主张把语言教学的全过程和全部教学活动概括为总体设计、教材编写、课堂教学和测试四大环节，并且主张把它们作为一个整体来进行研究，即使对四大环节中的任何一个环节进行专门的研究，也要以整个教学过程和全部教学活动为背景，跟其他教学环节相联系，不赞成采取把某一个局部孤立起来进行就事论事的研究的方法；我们认为无论是对教学全过程的研究，还是对四大环节中任何一个环节的研究，都是对语言理论、语言学习理论、"比较文化"理论和一般教育理论的综合应用，不应看成仅仅是对语言学的应用；我们认为语言教师不但要从事具体的教学工作，而且要开展科学研究，不但要研究应用理论，而且要研究基础理论，他们不但是理论的消费者，而且是理论的生产者，不赞成语言教师仅仅是理论的消费者的说法。

四、关于几个概念范畴的讨论

每个学科都有自己特定的概念范畴，每个概念范畴都有自己特定的含义。如果概念范畴不统一，就无法进行交流，也就必然会影响学科理论的发展。我们在对外汉语教学的理论研究中，还存在着一些概念不统一的现象。概念不统一有时是允许的，因为学科在其发展过程中是难以避免的。但是如果自己使用的概念的含义跟别人的不同，最好有一点说明；如果是提出一个新概念，更应当对这个新概念的含义进行说明。我们的许多术语都是从国外引进的，当我们引进一个术语的时候，往往也引进了这个术语的内涵。但是术语的内涵往往会随着理论研究的发展而发展，有时某一个术语的内涵已经发展了，有的人却不了解，仍然沿用原来的内涵，这就影响了交流中的互相理解。此外，是不是所有被引进的术语的内涵都那么科学，都那么符合实际，我们自己也要想一想，不要养成一种习惯，认为只要是外国人说过的，就必然是正确的，就可以信手拈来，任意引用。下面就怎样理解几个常用术语的内涵的问题谈谈笔者个人的看法。当然，笔者的看法也可能是错误的。

在研究语言学习和语言教学的著述中，"学习"和"习得"（"习得"也叫"获得"）这两个术语的使用范围越来越广泛，但是人们对这两个术语的理解或解释并不完全相同。对这两个术语的不同的理解或解释实际上反映了人们对语言学习和习得规律的不同的认识。

"语言学习"和"语言习得"这两个术语是从英语的 Language learning 和 Language acquisition 对译过来的。20 世纪 60 年代以来，一些西方学者为了研究语言学习的规律，特别是为了研究第一语言学习和第二语言学习的不同规律，便用 learning 和 acquisition 这两个不同的术语来区分不同性质的语言学习。但是由于不同的学者对语言学习和习得规律的认识很不一致，因此在不同学者的著述中，这两个术语的含义也不完全相同。

科德在《应用语言学入门》中认为："语言习得是在幼儿时期开始的，是在幼儿获得其他许多技能以及有关我们这个世界的其他许多知识的同时进行的。语言学习，也就是学习一种第二语言，一般都是开始于较后的阶段，开始于语言运用已经定型、身心成熟的其他许多过程已经完成或者趋于完成的时候。"这段话代表了传统的看法，即"习得"适用于幼儿获得第一语言，"学习"适用于成年人学习第二语言。根据这种传统的看法，First language acquisition（第一语言习得）和 Second language learning（第二语言学习）是固定的用法，不能说 Second language acquisition（第二语言习得），也不能说 First language learning（第一语言学习）。这种传统的看法在我国学者中有着一定的影响。

克拉申等人早已发展了上述语言习得的理论。首先，克拉申不是从先后性、阶段性上区分"习得"和"学习"，而是从"有意识"和"无意识"方面来区分的。他提出：语言习得是一种下意识的过程，语言习得者通常并没意识到他们是在学习语言，而只是意识到他们在用特定语言进行交际；语言学习是有意识地学习第二语言的知识，知道特定的规则，感觉到这些规则并能够谈论这些规则。其次，克拉申认为不但幼儿有语言习得，而且成年人学习外语也有语言习得。他认为成年人学习外语有两种过程，一种是在教师的辅导下有系统地学习，这种学习是有意识的，从学习中获得的语言知识虽然储存在左半脑，但是不在管语言思维的部位；另一种是在自然环境中习得语言，这种语言能力的获得是无意识的，习得者主观上没有做任何努力，这样习得的语言储存在左半脑管语言思维的部位。克拉申认为"学习"和"习得"是两种互相独立、毫不相干的过程，在第二语言学习中这两种过程都是不可缺少的，通过"学习"获得的语言知识可以用来监控自己的语言，也就是在说话时用来编辑、调节、检查、纠正自己的语言。克拉申关于有意识地学习和无意识地习得的观点，关于成年人掌握外语不但通过学习，而且也通过习得的观点，实际上已被广泛地接受。但是，他关于"学习"和"习得"是两种完全独立的、毫不相干的过程的观点以及通过这两种方法所掌握的语言知识是不可互换、不能互相作用的观点受到了不少的批评。有些学者认为，有意识地学习语言有利于无意识地习得语言，通过学习获得的语言知识在语言练习中会自然地转化为习得的知识，在课堂上学到的知识会自然地被运用于语言交际中，自然地变为习得的语言知识。

现在似乎已经达成了这样的共识："学习"是"有意识"的行为，"习得"是"无意识"的过程；幼儿获得第一语言是"无意识"的，因此获得语言的过程是"习得"，成年人在课堂上学习第二语言是"有意识"的，因此是"学习"，在自然环境中学习是"无意识"的，因此是"习得"。因为成年人学习第二语言也有"习得"，所以 Second language acquisition 这样的术语已普遍使用。用"有意识"的学习和"无意识"的学习来区分"学习"和"习得",不一定能解决实际问题。因为到底什么是"有意识"的,什么是"无意识"的,二者的界限是什么,并不十分清楚;成年人在课堂上学习第二语言是不是都是有意识的,幼儿和儿童学习第一语言是不是都是无意识的,也需要进一步研究。

例如,在交际性原则指导下的课堂教学,大部分时间都用于传授言语要素,训练言语技能和言语交际技能,大量的课堂活动相似于或接近于真实的交际,在这样的情况下学习言语要素并进行交际性练习,是不是都是学习语言知识?如果不都是学习语言知识,算不算有意识的学习?

以上例子说明,在许多情况下所谓"有意识"的学习和"无意识"的学习实际上是难以区分的,即使可以区分,至少在汉语中,在表达上也难以划定严格的界限。例如,在谈论幼儿的语言问题时就很难避开"学习"二字。如果在谈论幼儿获得语言的情况时总免不了要用"学习"二字,那么就有可能混淆"学习"和"习得"的含义。

我们可以从另一个角度来区分"学习"和"习得",这就是把"学习"看作一种行为,把"习得"看作一种过程——通过"学习"而获得语言的过程。幼儿跟周围的人学说话也好,成年人在课堂上跟老师学说话也好,都是一种学习行为,都应当叫作"学习",不能认为幼儿不通过学习就能自动获得语言。幼儿获得第一语言的过程和成年人获得第二语言的过程都是通过学习而获得语言的过程,都应当叫作"习得"。这样,"学习"和"习得"也是一种包容关系,"习得"包含在"学习"之中。当然,幼儿学习和获得第一语言的方法和过程与成年人学习和获得第二语言的方法和过程不完全相同。我们的任务就是研究第二语言学习与第一语言学习有什么相同和不同之处,第二语言习得与第一语言习得有什么相同与不同之处。这样区分"学习"和"习得"不但可以避免"行文上的无所适从",而且更符合"语言学习"和"语言习得"的实际情况。

第三节　对外汉语的学科理论体系

一、学科理论体系研究概述

第二语言教学的学科理论体系问题是第二语言教学理论研究的重要内容。20世纪

90年代以来，在汉语作为第二语言教学的理论研究中，对学科理论体系本身的研究更加自觉。

吕必松在《对外汉语教学发展概要》中，把对外汉语教学的学科理论概括为教学理论和基础理论两个方面。教学理论是学科理论的核心，是学科存在的主要标志，它通过对教学的性质和特点、教学过程和教学活动以及与教学有关的各种因素的描写与概括，揭示教学的客观规律，提出教学法原则，以推动各项教学活动沿着科学化、规范化和标准化的方向前进。对外汉语教学的基础理论包括语言理论、语言学习理论和比较文化理论。教学理论的发展是随着基础理论的发展而发展的，但教学理论的发展对基础理论的研究也有促进作用。在《再论对外汉语教学的性质和特点》《对外汉语教学的理论研究问题刍议》和《对外汉语教学概论（讲义）》等论著中，吕必松又进一步把教学法纳入学科理论体系中，从而把对外汉语教学的学科理论概括为基础理论、教学理论和教学法三个方面，并指出这三个方面的内容就是对外汉语教学的学科理论研究的范围。其中《对外汉语教学概论（讲义）》把对外汉语教学的基础理论重新概括为语言理论、语言学习理论和一般教育理论，从而在基础理论中增加了"一般教育理论"，而把原先基础理论中的"比较文化理论"纳入"语言理论"中，指出"语言理论也包括近年来发展起来的文化语言学理论"。该书还对教学法做了明确的限定，指出第二语言教学的教学法贯穿在总体设计、教材编写、课堂教学和测试等整个教学过程和全部教学活动中。教学法是总称，包括教学原则、教学方法和教学技巧等不同层次上的内容。至此，吕必松对对外汉语教学的理论体系的概括大致为：基础理论—语言理论、语言学习理论和一般教育理论；教学理论—研究教学本身，揭示第二语言教学规律，是一种综合性应用理论；教学法—教学原则、教学方法和教学技巧。

崔永华在《对外汉语教学学科概说》中把对外汉语教学学科理论体系概括为三个层次：学科支撑理论，包括语言学、心理学、教育学和其他；学科基础理论，包括第二语言教学理论、语言学习理论、语言习得理论、汉语语言学、学科方法论、学科发展史；学科应用理论，包括总体设计理论、教材编写理论、课堂教学理论、语言测试理论、教学管理理论。其中，学科支撑理论是第二语言教学理论（对外汉语教学学科理论）赖以形成的相关、相邻学科的理论；学科基础理论是指导本学科教学和研究实践的基本指导思想和方法论；学科应用理论是在本学科的基础理论上建立起来的直接指导学科教学实践的理论。

刘珣在《对外汉语教育学引论》一书中把对外汉语教学的学科体系分成三个部分：理论基础，包括语言学、心理学、教育学、文化学、社会学、横断科学及哲学；学科理论，包括基础理论和应用研究两部分，前者包括对外汉语语言学、对外汉语教学理论、汉语习得理论和学科研究方法学，后者指运用相关学科和本学科的基础理论，对总体设计、教材编写、课堂教学、测试评估、教学管理和师资培养等方面进行专门研究；教育实践，既包括对汉语作为第二语言的学习者的教育，也包括对未来的对外汉语师资的教育，既是学科理论服务的对象，也是学科理论产生的土壤。

可以看出，以上三位学者所展示的对外汉语教学学科体系既有共同之处，也有各自的特色。相同之处在于他们都把学科体系划分为三个层次，都有基础理论和应用理论的内容（尽管说法不尽相同），都强调学科的综合性、跨学科性和应用性，并且在主要的、实质的内容方面看法大致相同；不同的部分主要在于吕必松的体系中有"教学法""学科发展史""教育实践"的内容。比较起来，崔永华和刘珣的体系更为接近，几乎没有大的区别，主要表现为二者的体系框架基本相同，与吕必松的体系比，这两位学者的体系中都有汉语语言学、学科方法论、教学管理理论，以及总体设计、教材编写、课堂教学、测试评估等方面的内容。在以上三位学者的体系模式中，吕必松的体系提出得最早，并得到修正和完善，在对外汉语教学界影响较大；后两者提出较晚，但考虑细密，且有所创新。为进一步了解有关情况，下面介绍几家国外第二语言教学界和国内外语教学界同行对第二语言教学学科理论体系的论述，以便更好地概括对外汉语教学的学科体系。

英格拉姆认为，语言学、心理语言学、社会语言学、心理学和社会学等基础学科是理论科学家的研究领域，他们的研究成果为应用语言学家的研究提供了理论依据和启发。应用语言学家在此基础上制定语言教学的原则，并应用于教学大纲、教学目标的制订和教学方法的选择，这些内容通过外语教师的课堂教学实践的检验而成为应用语言学理论的一部分。外语教师根据应用语言学家的理论进行课堂实践并在实践中获得某些技巧和方法。

斯顿提出了外语教学三个层次的理论模式：第一层次是理论基础，包括语言教学史、语言学、社会学、社会人类学、人类学、心理学、心理语言学、教育学等研究成果；第二层次为中间层次，主要是应用型理论，包括学习理论、语言理论和教学理论；第三层次为实践层次，包括方法和组织机构。

束定芳把外语教学理论的研究划分为本体、实践和方法三个层次：本体论层次，研究语言和语言使用的本质及外语学习过程的本质，可以吸收普通语言学、社会语言学、语用学、心理学、心理语言学等的研究成果；实践论层次，研究外语教学的具体实施，包括教学的组织机构、教师培训、大纲的制定、教材编写、测试评估等；方法论层次，研究教学实践中贯彻教学原则的手段和方法。

应云天把外语教学法体系分为教学思想和课程设计两大部分，前者是后者的指导思想和原则，后者是前者的体现。其中教学思想是指对语言特性、社会功能及掌握外语的过程等的认识；课程设计包括如何确定教学目的、教学内容、教学流程和教学方法。

不难发现，这几位学者的观察角度跟我国对外汉语教学界学者的观察角度不尽相同：比较来说，后四位主要着眼于从第二语言教学的整个过程来谈学科的理论研究内容，理论色彩较淡而工作流程色彩更浓；前三位主要着眼于从第二语言教学的学科理论体系本身来谈学科的理论研究内容，理论色彩更浓而工作流程色彩较淡。尽管如此，后四位学者无论是从外语教学模式的角度，还是从外语教学法体系构成的角度，对外语教学理论体系所做的论述和概括，对对外汉语教学学科理论体系的研究都是很有启发和借鉴意义的。其中最重要的一点就是，理论研究和理论体系的构建应着眼于教学实际，紧密结合并服务于教学实践的需求，解决教学过程中的理论问题。事实上，后四位学者和前三位学者的基本观点非但不矛盾，反而大有不谋而合之处。例如，除应云天以外的前六位学者都把教学理论研究的内容划分为三个层次或三个部分。而且在具体层次上也有诸多相同之处，例如，崔永华的"学科支撑理论"、刘珣的"理论基础"，跟英格拉姆的"基础学科"、斯顿的"第一层次"、束定芳等的"本体论层次"在内容、定位和预想功用等方面基本一致；其他两个层次或部分也大体相似。不过，国外第二语言教学界和国内外语教学界的同行似乎更强调不同层次上的理论的"转化"，特别是强调理论家、应用语言学家和外语教师的"分工"，如英格拉姆。强调转化不可谓错，因为第二语言或外语教学是应用性较强的交叉学科，但是过于强调分工则与第二语言教学和外语教学的实际不大相符，实际上也过于低估了语言教师应有的地位和作用。

二、对外汉语教学的学科建设体系

从以上概述可以看出，第二语言和外语教学界对学科理论体系的看法尽管有不少相同相近之处，但在观察的角度、体系构成的格局及具体内容方面还存在一定分歧。一个值得关注的现象是，有学者把所谓的学科理论基础看成是学科理论体系的一部分，这恐怕是有问题的。此外，把诸如教材编写、大纲编制、学科发展史、学科方法论、教学管理、师资培养、教育实践等属于学科应用研究、学科发展建设乃至于学科教学活动、工作安排方面的内容也看成是学科理论体系的内容，同样也是有问题的。因为这涉及什么是学科理论体系，体系的形成和概括应依据什么标准的问题。上面所提到的教学管理、师资培养、教育实践，乃至教材编写及其研究能否都看成是学科理论体系的组成部分？如果不能，那么该把它们归到什么范畴中去？它们与学科的基本理论或者说学科的基本理论体系是什么样的关系？诸如此类的问题都缺乏应有的研究。为此，笔者打算在前人研究的基础上对有关问题做进一步的探讨和概括，提出"对外汉语教学学科建设体系"和"学科发展建设"这样两个概念，并重新确立学科基础理论、学科基本理论、学科应用理论的内涵和地位。

所谓学科建设体系，包括有关学科理论的各个方面和教学实践的各个环节，以及学科发展和建设所涉及的各项内容，它由学科理论基础、学科基本理论、学科应用理论和学科发展建设四个部分组成。学科建设体系概念的提出，主要是基于第二语言教学（对外汉语教学）是一门在多种学科理论支持下形成的交叉学科，是一门实践性极强的应用学科的特点，因而有待进一步发展和探索的客观现实。对外汉语教学学科建设体系的基本内容包括以下几个方面。

（一）学科理论基础

这是对外汉语教学学科的基本理论赖以形成的基础，是由对外汉语教学的跨学科性决定的，主要包括哲学、语言学、教育学、心理学和文化学。学科理论基础是对外汉语教学学科发展和建设所应关注的重要内容，也是对外汉语教学理论研究的主要内容之一。不关注学科基础理论的研究现状、发展趋势和重大进展，对外汉语教学就失去了可持续发展的基本条件。所以，对对外汉语教学学科理论基础的研究应该是对外汉语教学理论研究的一部分，这一点是毋庸置疑的。但是，对外汉语教学的学科理论基础本身并不等同于对外汉语教学的学科基本理论，对学科理论基础的研究及有关成果可以看作是对外汉语教学学科建设（体系）的成果，但不应看作是对外汉语教学学科基本理论（体系）的成果，这也是毋庸置疑的。因为学科基础理论及其有关学科都属于各自独立的学科，有各自的研究对象、研究目的、研究方法、研究手段和理论体系。同时，这样的研究成果（如汉语语言学）在绝大多数情况下都不能直接应用到对外汉语教学实践中去；而教学中遇到的难点（包括急需解决的一般性问题），或者不是学科理论基础研究所关注的重点问题，或者研究目的和角度等与教学的实际需要大不相同。

（二）学科基本理论

学科基本理论是对外汉语教学学科的核心理论，是学科存在的标志，能够全面指导对外汉语教学实践，全面指导对外汉语教学学科应用理论的研究。学科基本理论虽具有跨学科的性质，但它是在学科理论基础的指导下，结合教学实际需要而形成的服务于教学的教学理论，体现着学科的性质和特点。因此，它是对外汉语教学最基本、最直接、最有应用价值的学科理论本身。学科基本理论的形成及其体系的建立，应该符合三个条件：第一，在学科理论基础（体系）中可以找到确定的支撑理论；第二，能够体现对外汉语教学实践的两个根本问题"教什么"和"怎么教"（包括"学什么"和"怎么学"）的理论；第三，能够作为学科应用理论研究的理论基础，即能够全面指导有关教学的应用研究。符合这三个条件，便有可能做到有内在联系、有来源、有应用，能指导教学实践、能解决实际问题，前后连贯、逻辑一致，简明周到、科学实用。据此来看，对外汉语教学的学科基本理论应包括学科语言理论、语言学习理论、语言教学理论、跨文化教学理论。它们的支撑理论分别是语言学、心理学、教育学和文化学，也分别包括具有广泛支撑性的哲学；其中，学科语言理论和跨文化教学理论主要帮助第二语言教学解决"教什么"（包括"学什么"）的问题，语言学习理论和语言教学理论主要解决第二语言教学"怎么教"（包括"怎么学"）的问题；这些理论及其各自所包含的具体内容能够指导教学目标的确立、教学大纲的制定、教材的编写及评估测试等有关学科的各项应用理论研究。学科基本理论（体系）中的每种理论都包含若干个理论研究的具体范围和方向。应该指出的是，学科的理论基础是学科基本理论形成的依托，但是学科基本理论的研究反过来也能够促进学科理论基础的研究。例如，学科语言理论研究中包括对所教授语言（特定语言学）的面向教学需要的语言本体研究，而这样的研究往往能够发现一些面向语言理论研究需要的语言本体研究所发现不了的重要语言现象，从而拓宽语言本体研究的范围，促进语言本体研究的深入，丰富理论语言学研究的成果。

（三）学科应用理论

这是对外汉语教学学科基本理论的应用和体现，即综合运用对外汉语教学的基本理论来研究教学中的某一实际问题，如教材编写的理论研究、测试理论研究、课程设计研究等。这类研究所形成的有关理论适用面最窄、应用性最强。学科应用理论研究的范围主要包括教学目标研究、教学大纲研制、学科课程设计、学科课程建设、测试理论研究、评估理论研究、教材编写理论研究、课堂教学研究、教学技巧研究等。同样应说明的是，对外汉语教学应用理论赖以形成的条件是对外汉语教学的学科基本理论，但是学科的应用研究反过来也能够为学科基本理论的研究提供启发和借鉴。例如，课堂教学技巧的研究往往能够促进语言教学理论中教学原则理论的研究。

（四）学科发展建设

这是对外汉语教学作为一门学科，尤其是作为一项事业，可持续发展所必不可少的方面，主要包括师资队伍建设、教师进修培训、教学管理研究、学科发展规划、教学实践研究、教学技术开发、教学资源管理、学科历史研究等。有关学科可持续发展和建设的调查和研究主要依托于学科应用理论的研究成果和学科应用研究所反映出的问题。例如，课堂教学的调查研究所反映出的问题可以进一步促进教学管理研究、师资队伍建设、教师进修培训等的研究；反过来，学科发展建设方面的进步也能够促进学科应用理论的研究，比如，教学实践的深入、教学新技术的开发，往往能够丰富课程设计的理论和实践方式，促进课程体系建设。

根据以上的论述可以发现，对外汉语教学学科建设体系组成部分之间的关系为：学科理论基础→学科基本理论→学科应用理论→学科发展建设，依次构成前者对后者理论上的指导关系、启发关系；学科发展建设→学科应用理论→学科基本理论→学科理论基础，依次构成前者对后者理论上的依托关系、促进关系。上面这种动态的相互关系构成了对外汉语教学学科建设体系的内在联系和对外汉语教学可持续发展的基础。对外汉语教学的学科理论体系由基本理论（体系）和应用理论（体系）构成，它们是对外汉语教学学科建设体系中的一部分，也是最重要的一部分。其中前者更为根本，最能体现学科的属性,具有学科唯一性(即只为某一学科所具有),因而是第二语言教学学科存在的标志;后者只是前者的应用研究(没有前者,后者就无法进行),不具有学科唯一性,不能成为第二语言教学学科存在的主要标志。因为任何学科都有教学大纲的研制、教材编写研究、测试理论研究、课堂教学研究之类的应用性研究,但是除了第二语言教学和外语教学,似乎没有哪一个学科一并进行语言理论、语言学习理论、语言教学理论和跨文化教学理论的研究,因此只有它们才是对外汉语教学学科的"基本"理论。

第四节　对外汉语的学科基本理论

在上一节中,我们论述了对外汉语教学学科建设体系的内涵,并指出学科建设体系由学科理论基础、学科基本理论、学科应用理论、学科发展建设四个部分组成,这四个组成部分都可以成为对外汉语教学研究的对象。但是,在学科建设体系的这四个组成部分中,只有学科基本理论和学科应用理论是对外汉语教学理论研究的重点,二者构成了对外汉语教学的学科理论体系。其中,学科基本理论是学科理论的核心,是学科存在的主要证明和标志。没有学科基本理论的指导和启发,学科应用理论就不可能形成和存在,至少难以深入和提高。不把"学科理论基础"看成是学科理论体系的组成部分,不是因为内容的理论性不强,也不是因为有关的研究在"教什么"和"怎么教"两个根本问题上完全无所作为,主要是因为它分属不同的学科。把"学科理论基础"纳入学科建设体系并将其确认为对外汉语教学的研究对象之一,仅仅因为对外汉语教学是一门跨学科性的学科,即仅仅因为它是对外汉语教学学科基本理论形成的基础。同时上文还着重阐述了学科基本理论确立的标准,并据此把对外汉语教学的学科基本理论确定为学科语言理论、语言学习理论、语言教学理论、跨文化教学理论,从而试图从宏观上确立学科的基本理论在学科建设体系和学科理论体系中的地位和作用。

应该指出的是,完整的对外汉语教学的学科理论体系是由学科的基本理论和学科应用理论两个部分组成的,强调学科的基本理论是对外汉语教学学科理论体系的核心,并不否认和抹杀学科应用理论在学科建设体系和学科理论体系中应有的地位和作用。

事实上，学科应用理论在教学实践中具有不可替代的重要指导作用，在很大程度上体现了学科的性质和特点。学科应用理论直接指导着教学实践，它的研究水平不仅体现了学科理论研究的水平，还体现了教学实践可能达到的深度和广度。因此，加强学科的理论研究必须重视对学科应用理论的研究，这一点是毋庸置疑的。但是，也必须看到学科的基本理论能够起到"外联"——直接联系学科的理论基础（如语言学、教育学、心理学等）的作用，从而体现了学科的交叉性特点；能够起到"内导"——直接指导学科的应用研究（如指导教材编写研究、测试研究等）的特殊作用，从而体现了学科的应用性特点。这种"外联"和"内导"的作用是学科应用理论所不具有的，因此学科的基本理论是学科理论（体系）的核心。

我们还根据前人的有关研究，从学科建设体系的角度阐述了学科基本理论的构成条件，并确立了学科基本理论（体系）是由学科语言理论、语言学习理论、语言教学理论、跨文化教学理论四个部分组成的。应该强调的是，这只是从宏观上、从学科基本理论与学科建设体系中的其他组成部分的关系而言。实际上，这四个部分本身的确立，特别是其中每一个部分、每一种理论所包含的若干具体的研究内容和方向的确立，还应该符合"两个面向"和"三个结合"的原则，即面向第二语言教学的实际，面向中国对外汉语教学的实际，结合国外第二语言和外语教学的理论和实践，结合第二语言教学的两个根本问题"教什么"和"怎么教"，结合中国的教育传统和教学方法。其中，"两个面向"是学科理论研究和建立的根本着眼点，要求我们在确立学科基本理论过程中至少要考虑到第二语言教学的性质特点、中国对外汉语教学在学科理论建设上的需求；"三个结合"是学科理论研究和建设的根本途径，要求我们在确立学科基本理论过程中至少要考虑到国外同类性质的教学理论研究和教学实际的现状和发展趋势并做出选择，在教学的两个根本问题"教什么"和"怎么教"的问题上提供理论指导，在中国传统的教育理念和教学方法上做出分析，吸收合理的因素，摒弃不合时宜的因素。符合"两个面向"和"三个结合"的原则，便有可能使所建立的学科基本理论体系符合第二语言教学的学科属性，符合中国对外汉语教学学科理论建设的需要；能够保证在学科的根本问题上提出行动的理论指南，能够保证在学科理论上中外结合、有所创新，从而使学科理论既有应用价值，又有自己的特色。基于"两个面向"和"三个结合"的原则，学科基本理论的四个组成部分分别包含的主要内容如下：

学科语言理论：面向对外汉语教学的语言学及分支学科研究、汉语语言学研究。

语言学习理论：基本理论研究、对比分析、偏误分析、中介语理论。

语言教学理论：学科性质理论、教学原则理论、教学法理论、中国传统教学观。

跨文化教学理论：文化教学的地位、文化教学的内容、文化教学的原则。其中，学科语言理论和跨文化教学理论主要在"教什么"和"学什么"方面发挥指导作用；语言教学理论和语言学习理论主要在"怎么教"和"怎么学"方面发挥指导作用。

一、学科语言理论

（一）面向对外汉语教学的语言学及其分支学科理论研究

包括对外汉语教学在内的第二语言教学的教学内容是语言，既然教的是语言，那么语言学的理论就必然对语言教学的理论和实践产生影响。因此，语言学及其各有关分支学科（如社会语言学、文化语言学、篇章语言学、认知语言学、语义学、语用学等）的理论就成为第二语言教学关注和研究的重要内容。只是我们应该强调，这些理论必须和第二语言教学的实际需要相结合，即能够服务于第二语言教学，才能成为指导和影响教学理论和教学实践的第二语言教学的学科基本理论之一——学科语言理论。这就是说，语言理论能否和教学实践相结合、能否在实践中发挥作用以及发挥多大的作用，是其能否成为第二语言教学学科语言理论的标志。

语言是人类最重要的交际工具，这一理论对第二语言教学有着广泛、深刻和根本性的指导意义。它给第二语言教学的启示是，第二语言教学从根本上来说就是让学习者掌握语言这种交际工具，因此，要把语言当作交际工具来教，当作交际工具来学。树立这样一种语言教学观和语言学习观，就会把听、说、读、写等语言能力，特别是语言交际能力的培养和养成放在语言教学和学习的首要和根本位置，而把语言知识的教学和学习看成相对次要的，是为掌握语言这种交际工具而服务的。这种语言学理论及由此形成的语言教学观是符合第二语言教学实际需要的。相反，如果把语言的本质看成一种知识系统，就可能把语言当作系统的知识来教，当作系统的知识来学。树立了这样一种语言教学观和语言学习观，相应地就会把语言知识的教学和学习放在首位，把语言能力和语言技能的培训放在次要的位置。显然，这种语言理论及由此形成的语言教学观是不符合第二语言教学需要的。可见，在不同的语言理论指导下，会形成不同的语言教学观和语言学习观，进而对语言教学和学习的影响也就不同，甚至是截然相反的。因为观念不同，做法就不同，效果也就大不一样。从这个意义上说，语言理论对第二语言教学影响深远，意义重大。因此，在第二语言教学学科基本理论中确立学科语言理论的地位是非常必要的。事实上，不管是否确立语言理论在第二语言教学中的应有地位，语言理论特别是语言观都无时不在影响着语言教学。但是，需要强调的是，并非所有的语言学理论都能对第二语言教学产生直接的、符合实际需要的影响，因而并非所有的语言学理论都能成为第二语言教学的学科语言理论。学科语言理论研究的一个重要方面应该是，哪些语言学或语言学分支学科的理论对第二语言教学有直接的指导意义，有什么样的指导意义，怎样实现这样的指导意义。遗憾的是，我们在这方面所做的工作还很不够，甚至还没有明确地意识到这一点。因而，不少学者只是把语言学看成第二语言教学的支撑学科或理论，而没有把语言学理论的引进自觉地当作学科的基本理论研究的重要内容，更没有在学科基本理论体系中确立学科语言理论的地位。学科语言理论中的"学科"指的就是第二语言教学；学科语言理论指的就是第二语言教学学科理论中的语言理论，即能够满足第二语言教学学科理论建设需要的语言理论、能够指导第二语言教学实践的语言理论。相反，不符合第二语言教学性质和教学目的的语言学理论、不能对第二语言教学产生影响的语言学理论、不能直接指导第二语言教学实践的语言学理论都不应属于第二语言教学学科理论中的语言理论，尽管这些语言理论本身可能很有学术价值和理论意义。需要指出的是，第二语言教学界存在一种不正确的认识，那就是忌讳说第二语言教学"应用"或"引进"语言学理论，似乎这样说就降低了第二语言教学的学科地位。其实，这种疑虑是大可不必的，因为"应用"是必然的——不管是否意识到，"引进"是必需的——不管是否愿意。第二语言教学具有跨学科性，是一门交叉学科，这就从根本上决定了"应用"和"引进"的必然性。还应该强调的是，我们不但要引进和应用语言学理论，而且要自觉地、主动地开展面向第二语言教学学科理论建设和教学实际需要的语言学及其分支学科的理论研究，这样才能建立起完整的符合第二语言教学规律的学科语言理论体系。

（二）面向对外汉语教学的汉语语言学研究

就对外汉语教学来说，学科语言理论还应该包括把汉语作为第二语言或外语教学而进行的汉语研究所形成的汉语语言学理论。这是因为对外汉语教学教的是汉语，所以分析汉语的结构规律、了解汉语的组合规律、掌握汉语的表达规律就成为对外汉语教学研究的主要内容。深入挖掘和细致描述汉语的这些语言规律，目的是更好地指导教学实践，提高对外汉语教学效率。因此，面向对外汉语教学需要的汉语本体（包括语音、语法、词汇、篇章等）研究的成果是学科语言理论的重要组成部分。这种研究的根本目的是让学习者在更短的时间里，更好地掌握汉语的语言知识，提高运用汉语进行交际的能力。换言之，汉语语言学研究是为了服务并服从教学实践的需要，而首先不在于追求理论的系统性和知识的完整性，研究的侧重点是教学中的难点以及汉语同学生母语的异同（特别是不同之处）；汉语词汇和语法研究的侧重点是功能和用法，除了从语言学层面对汉语的结构规律、组合规律和表达规律进行揭示和描述外，还要从汉外对比、跨文化交际、语言习得、学习者个体差异、认知心理等多角度进行综合研究。这些都与把汉语作为一种语言系统而进行的语言研究以及把汉语作为第一语言教学所进行的语言研究有很大的不同。

对外汉语教学的学科语言理论包括面向教学实际需要的普通语言学及其分支学科的理论和应用研究，以及面向对外汉语教学需要的汉语语言学理论和应用研究。这两个方面研究的关键是要面向对外汉语教学实际，而不是为了其他目的的一般意义上的研究。一旦这些理论服务于对外汉语教学，并且得到整合和系统化，就可以看作是对外汉语教学的学科语言理论。目前的问题是，我们对对外汉语教学学科语言理论的重视还需要进一步加强，目标还需要进一步明确，已有的研究成果也需要系统地整合。同时，在学科语言理论的研究中要特别加强面向对外汉语教学的汉语语言学研究。实际上，课堂教学有许多问题说不清，就是因为这方面的研究还不够。所以，应该强调汉语研究是对外汉语教学的基础，是后备力量，离开汉语研究，对外汉语教学就没法前进。就汉语研究来看，对事实的深入发掘、对规律的有效揭示至今还存在许多薄弱点和空白点，远远不能满足对外汉语教学的需求。这些都表明加强面向对外汉语教学需要的汉语研究的必要性和迫切性。

二、语言学习理论

语言学习理论主要研究学习者语言学习的过程和规律，是第二语言教学学科基本理论之一，是语言教学理论确立的重要前提和参照。关于语言学习理论研究的现状，刘珣曾做过很好的概括，他指出，有关第二语言学习研究在最近30年有了很大的发展。但西方学者也告诫大家，对语言学习理论研究的深度目前还不能期望过高，这些理论所引起的争议有时甚至大于所达成的共识。即使根据那些被较多人接受的理论，人们也只能在一定程度上了解到第二语言学习者在做什么，他们掌握了什么，还不可能肯定地说他们是怎么做的，是怎么掌握的。至于把这些有关语言学习理论研究成果运用到教学实践中去，指出如何教第二语言，恐怕就为期更远了，还有一段艰巨的路程要走。他还指出，国内对语言学习理论做专门的、深入的研究，起步更晚，"这方面的研究还是个别的、零星的，规模远不如对教学法的研究"。近年来，国内外对语言学习理论的研究都有了进一步的发展，国内一些学者对汉语学习理论进行了许多开拓性的研究，但总的来看，已有的理论研究和实验研究成果还远不能满足学科建设和教学实际的需要，汉语学习理论的研究将是一项长期而艰巨的任务。目前来看，在进一步引进、评价西方有关研究成果的同时，应结合汉语和汉语作为第二语言教学的实际，着力研究语言学习的基本理论、对比分析、偏误分析、中介语理论。

（一）语言学习理论基本问题研究

1. 学习主体分析

语言学习是发生在学习者身上的事，一切教学目的、任何教学方法、所有教学手段和资源、学校和教师的各种努力最终都必然也应该在第二语言学习者那里得到体现和检验。所以，首先要研究学习者的基本情况，这样才能真正做到有的放矢、因材施教。

2. 基本问题研究

包括对一些基本概念、基本关系和基本问题的研究和探讨。例如，"学习"和"习得"的含义及其相互关系，第一语言学习和第二语言学习、儿童母语学习和成人外语学习的异同，母语对第二语言学习的干扰和促进，语言输入和语言输出的关系，课堂教学和自然习得的比较，语言能力的构成因素及形成过程，语言交际能力的构成因素及形成过程，语言学习环境的构成因素及对学习者的影响，口语学习和书面语学习的特点及相互关系，等等。

（二）对比分析

对比分析作为一种语言分析方法已有相当久远的历史了，可以追溯到19世纪的历史比较语言学。把对比分析运用到第二语言教学始于美国语言学家弗思（Fries），他曾指出，最好的教材是这样的教材：它的立足点是一方面对所学外语进行科学的描写，另一方面对学生的本族语进行平行的描写，加以仔细的比较。从第二语言学习的角度提出对比分析假说及对比分析具体方法的是拉多（Lado）。在《跨文化的语言学》（*Linguistics Across Cultures*）一书中拉多表明了自己的基本设想："人们倾向于把本族的语言和文化中的形式、意义以及两者的分布方式转移到外族的语言和文化中去。""我们假定，学生在接触外语时，会觉得其中有些特征易学，有些难学。与本族语相同的要素，他们觉得简单，不同的就困难。老师如果把两种语言比较过，就知道真正的困难何在，因而更有办法去进行教学。"由于拉多等人的提倡，对比分析盛行于20世纪五六十年代。人们一度相信，语言学习的障碍是母语的干扰；通过目的语和学生母语的对比，可以为教材编写提供根本性的依据；可以预测因两种语言的差异而造成的学习中的难点，从而在教学中采取预防措施。但是，到了20世纪60年代后期，对比分析受到了怀疑和批判。有人指出，"按对比分析编出的教材使用效果并不见得很好"，"对比分析的鼓吹者说它能预测外语学生会在什么地方出岔子，出什么样的岔子，然而事实上办不到"。于是，对比分析逐渐被错误分析和中介语研究等替代。20世纪80年代，人们开始重新认识对比分析在语言研究和外语教学中的重要价值，对比分析再次受到人们的关注。

1. 对比分析的理论基础和分析步骤

对比分析是把目的语跟学习者的母语进行共时层面上的系统比较，找出两种语言的异同点特别是差异所在，借此预测学习中的难点，并在教学中采取积极的预防措施，建立起有效的教学方法。对比分析以结构主义语言学、行为主义心理学及迁移理论为理论基础，出现在结构主义语言学和行为主义心理学的鼎盛时期，与这二者有着不解之缘。结构主义语言学强调对语言的结构进行客观的、静态的、形式方面的描写，并且相信在对两种语言进行精确的描写的基础上，通过对比可以发现两种语言的异同，这是对比分析产生的重要理论依据。行为主义心理学认为，语言是一种行为习惯，习得一门语言就是习得一种习惯。母语习惯的形成未受到其他语言的干扰，而学习第二语言则意味着要克服母语的干扰，形成一种新的习惯。用迁移理论来说，就是母语中与目的语相同的地方将促进目的语的学习，而母语中与目的语不同的地方会造成学习目的语的困难，差异越大造成的困难也就越大。这种原有的知识对新知识的学习产生影响的现象称为"迁移",其中促进新知识学习的迁移叫"正迁移",干扰和阻碍新知识学习的迁移叫"负迁移"。第二语言学习中的错误正是学生母语习惯负迁移的结果。对比分析假设的核心就是,第二语言学习的障碍和困难来自母语的干扰,通过对比两种语言结构的异同,可以预测学习者的语言错误和难点,从而在教学中加以突出,并采取措施加以克服,达到避免或减少语言错误的目的,提高教学质量。

对比分析大体包括四个步骤。

第一步,描写:对所比较的两种语言进行详细的描写,作为对比的基础。

第二步,选择:由于不可能对两种语言所有的方面都进行比较,所以必须对要比较的某些语言项目进行选择。

第三步,对比:对选好的语言项目进行对比,找出它们的异同点。

第四步,预测:根据对比的情况,对第二语言学习者在学习中可能出现的错误和学习困难进行预测。这种预测一般通过构建第二语言学习"难度层次"或通过应用心理学和语言学的理论来实现。

2. 对比分析理论评价

20世纪60年代后期,由于转换生成语言学和认知心理学的出现,对比分析的语言学和心理学基础受到了挑战。人们开始转向对第二语言学习过程的研究,加上教学实践和实验研究的深入,对比分析理论上的一些缺陷和局限也随之暴露出来。首先,对比分析的核心思想认为,语言之间的差异是造成学习者语言错误的主要乃至根本性的原因,因此,只要通过对比分析找出目的语和母语之间的差异,就可以预测学习者在目的语学习过程中可能出现的错误。然而,实际观察表明:对比分析所预测的学习中的语言错误并没有出现,而没有预测到的语言错误却出现了。这说明对比分析对学习者语言错误的预测能力是十分有限的。换言之,两种语言的差异并不能自动、必然地引申出第二语言学习中的问题。也就是说,对比分析理论的根本前提——第二语言学习者的语言错误完全是由于学习者母语干扰造成的,这一假设是有问题的。调查研究表明,学习者的语言错误是由多方面原因造成的,既有母语干扰(负迁移)的原因,又有学习者在学习过程中对目的语理解和消化不够全面和准确的原因,如过度概括、忽略规则的使用条件、应用规则不全等,甚至还有教师和教科书的误导等原因。其次,对比分析理论认为,母语与目的语之间的差异越大,干扰就越大,学习的困难也就越大。

这种将语言之间的差异同学习者的困难等同起来的做法缺乏理论支持。"差异"是语言形式上的问题，"困难"是心理学上的问题，把二者必然地联系、等同起来，是没有心理学依据的。实际情况往往是，两种语言形式上差别明显之处掌握起来并不见得就难，而表面上相近的地方有时倒是最难掌握的，这些地方常常是学习者感到最困难和最容易出错的地方。可以说，对比分析把学习者的语言错误必然地看成是母语干扰造成的，把学习者的困难跟语言之间的差异必然地等同起来，是这一理论的两大根本缺憾，在理论和实践上都缺乏有力的支持。

但是，无论是从历史看，还是从现实需要看，对比分析都应成为第二语言学理论研究的重要领域，相较其他一些理论模式，对比分析更有其自身的价值，关键是要恰当地估计对比分析的作用，开拓对比分析的新领域。首先，对比分析对语言学理论和第二语言教学理论做出了历史性的贡献：它形成了仅提供部分页试读、一套严密的行之有效的对比分析方法和工作程序；通过对不同语言形式特征的细致描述和比较，发现了许多不用这种方法就不容易发现的重要语言现象，不但丰富了普通语言学理论，而且丰富了第二语言教师的语言知识和对语言之间差异的深刻理解，这无疑有益于教学实践的深入和教学水平的提高。因此，对比分析始终对第二语言教师有着很大的吸引力。其次，要正确估计对比分析的作用。要充分认识到对比分析并不能解决学生的所有问题和困难，但是对比分析也绝不是对学生的所有问题和困难都不能解决。实际上对比分析之所以受到怀疑和指摘，是因为早先对它期望过高，以为它能预测和预防学习外语的学生的所有错误，能成为编写教材的唯一基础。估计过高固然不对，估计过低也不好。语言对比显然能大致推断出学生会在什么范围内出错，在发现错误后也能帮助我们说明出现错误的一部分原因。这就是说，对比分析虽然对学生语言学习困难的预测能力并没有人们当初期望的那么大，但毫无疑问，它仍然是第二语言教学不可或缺的辅助手段，不能因为它未能满足人们过高的期望，就完全抹杀它在第二语言教学和学习中应该和能够起到的重大作用。最后，我们应该在教学实践和理论研究中进一步拓宽对比分析的领域。事实上，对比分析预测到的难点和可能出现的错误，有些之所以未出现，原因之一是学生有意回避（正是因为感到"难"，所以才不用），如果是这样，那么恰好证明对比分析的预测是对的。诸如此类的问题还需要我们进一步研究和探讨，从而不断丰富和完善对比分析理论。重要的在于，要把对比分析的内容从语音、词汇和语法的对比扩大到语用、篇章、话语和文化等领域。对比分析的主要倡导者拉多早在1957年就指出，文化对比与语言对比在对比分析中有着同等重要的地位。只是在后来的对比研究中，文化的对比一直没有受到应有的重视，拉多也忽略了这一点。实际上，第二语言学习者的许多困难和语言交际错误都和目的语与母语之间语用、篇章、话语和文化等方面的差异有关。

（三）偏误分析

因为对比分析不能预测和解决学习者的全部语言错误，于是从20世纪70年代开始，人们把注意力由语言之间的对比转向对学习者语言错误本身进行系统的分析和研究，并形成了错误分析理论。这一理论给语言学习和习得研究带来了两个极为重要的转变。其一，在研究的侧重点上，由关注目的语和母语的对比转向对学习者、学习过程、语言错误本身的关注，使第二语言学习者及其语言错误在教学和学习中的作用得到了前所未有的重视和研究；其二，对待错误的观念发生了根本性的变化，传统上并不把语言错误看成有理论价值的东西，因而错误分析只是以目的语为标准去判断错误和评估学生的语言水平，并通过对错误的分析来帮助确定教学内容的先后顺序，决定教学和练习的重点、难点，直至最终消灭错误。而在偏误分析理论中，学生的语言错误被看作是第二语言学习过程中的正常现象、必然现象，是有价值的东西，而不再是避之不及的东西。在对比分析理论中，从教师的角度看，语言错误实际上象征着学习上的失败，第二语言教学和学习的过程实际上就是纠正和避免语言错误的过程。而在偏误分析理论中，从学习者的角度看，语言错误不再被看作失败的象征，而被看作学习过程中不可避免的和有用的，因为它反映了学习者对目的语所做的假设，这种假设与目的语实际不符，才出现了偏差。分析错误可以了解学习者是如何建立和检验假设的，可以探索外语学习的心理过程。

关于偏误分析的作用，科德在《学习者错误的重要意义》（*The Significance of Learner's Errors*）一文中指出，对学习者的偏误进行分析有如下作用：教师可以了解学习者对目的语的掌握程度及其所达到的阶段；研究者可以了解学习者是如何学习和习得目的语的，以及学习者在学习过程中采取的学习策略和步骤；学习者可以利用错误分析来检验其对目的语的结构规则和表达规则所做的假设。科德在《应用语言学导论》中说："错误分析最明显的实际用途是为教师服务。错误提供反馈，它告诉教师他用的教材和教学方法产生了什么效果,并且向他提出他所依据的教学大纲中哪些部分在教和学的过程中还有不足之处,需要进一步重视。错误能使他决定他是否可以接下去讲授教学大纲中的下一个项目,或者是否必须花更多的时间继续讲授他正在讲授的项目。这就是错误的常见价值。"

1. 偏误分析的理论基础和分析步骤

偏误分析旨在对第二语言学习者的语言错误(偏误)进行系统的分析和研究,确定其错误的来源,并以此揭示第二语言习得的心理过程和习得规律。偏误分析的心理学基础是认知理论,语言学基础是乔姆斯基的语言习得机制理论,即人是通过大脑中的语言习得机制学习和获得语言的。偏误分析理论认为,第二语言习得过程是语言规则形成的过程,即学习者不断从目的语的输入中尝试对目的语规则做出假设,并进行检验与修正,逐渐向目的语靠近并建构目的语的规则体系。科德指出,错误分析的关键在于语言的系统性,因而也在于错误的系统性。如果不从这一假设出发,没有人会问津错误分析这项工作。这绝不是说所有的错误都是一贯而有系统的。然而,对于没有系统性的东西是无法进行描写和解释的。当然也应明确,有些东西可能从表面看是没有系统的,那是因为我们对它的规律性还没有认识。偏误的根本特性在于它的系统性和规律性,偶然的口误和笔误之类的错误并不是偏误。

偏误分析按科德的观点分为以下五个步骤:

第一步,搜集供分析的语料:包括口头表达、书面练习以及听力调查获得的语料。

第二步,鉴别其中的偏误:从语法和交际两个方面鉴别,不符合语法的则为偏误,符合语法但在交际情境中用得不恰当,亦为偏误。同时,还要区别有规律性的偏误和偶然的失误(当然有时并不容易)。

第三步,对鉴别出来的偏误进行分类:从不同角度,为不同目的,可以有多种分类。

第四步,解释偏误产生的原因:偏误被鉴别出来并做了分类以后,接下来就是分析偏误产生的原因。其原因主要有母语语言和文化的负迁移、目的语语言和文化的负迁移(过度泛化)、学习策略和交际策略的影响、教师和教材及教法的误导等。

第五步,评估偏误的严重程度:偏误对交际的影响大小取决于偏误的程度。有的偏误对交际影响不大,有的可能使交际不畅甚至引起误解,有的则可能妨碍思想的交流,造成交际无法进行下去。

对偏误的分类大致有以下三种情况：

其一，从语言形式上把偏误分成语法、词汇和语音，并对有关内容进行再分类。这种分类是传统的做法，着眼于语言形式，服务于课堂教学，不重视交际中的偏误分析。

其二，从偏误的来源上把偏误分成语间偏误和语内偏误。语间偏误是由母语语言和文化的干扰造成的，语内偏误是由对目的语规则理解不正确或不全面造成的。

其三，科德从中介语系统上把偏误分成前系统偏误、系统偏误和后系统偏误。前系统偏误指学习者目的语语言系统形成之前的偏误，因为正在学习和理解所学语言，出于对语言规则的探索阶段，因而学习者还不能解释，亦无法改正自己的语言错误；系统偏误指学习者知道目的语的某个（些）规则，但还没有完全掌握它（们）的用法，或者说学习者对有关规则做出的假设是不正确的，致使学习者有规律地运用一个（些）错误的语言规则，因而出现规律性的偏误，学习者能对这类偏误做出一些说明，解释为什么要这样用，但不能对偏误自行改正；后系统偏误指学习者目的语系统形成之后的偏误，学习者虽然已经掌握了目的语的某一个（些）规则，基本能正确运用，但有时因暂时遗忘等原因而用错，学习者能自行纠正这类偏误，并且能说明产生偏误的原因。

2. 偏误分析理论评价

偏误分析理论对第二语言教学研究的贡献：第一，偏误分析使第二语言教学更加自觉地转向注重对学习者及其学习过程的研究，而这一转变是由注重教向注重学迈出的坚实的一步，也是向着提高第二语言教学质量和效率迈出的关键的一步，不仅拓宽了第二语言教学基本理论研究的范围，也使偏误分析理论成为第二语言学习理论的重要组成部分。第二，偏误分析使人们从根本上改变了对第二语言学习过程中出现的偏误本质的认识。它把偏误从需要避免和纠正的消极地位提高到了是了解和认识第二语言学习过程和学习规律的导向和窗口的积极地位。它提示人们：学习者的语言偏误是学习过程中的正常的、必然的现象；偏误是语言学习过程中必经的路标，不出错是学不会语言的。它对偏误的分类和对其来源的探究促使人们对待错误的态度和纠错时的某些做法进行重新思考。错误不再是"洪水猛兽"，不再是教学过程中时时处处需要防范的"大敌"；"有错必纠"也要看是哪一个阶段的错误，对系统偏误可能会有一定的效果，而对前系统偏误和后系统偏误则起不了太大的作用，这就是说，偏误分析启示我们对不同阶段不同类型的错误，要采取不同的态度和措施，而不能一味地有错必纠。

第三，偏误分析基本上形成了一套比较有效的偏误分析方法和程序。其具体研究成果为课堂教学、教材编写和测试等提供了积极的反馈和依据，有利于教学实践的改进和教学效率的提高。

偏误分析的局限性：第一，鉴别偏误的标准在实践中有时很难把握。这里面有偏误的程度问题，也有目的语各种变体带来的问题，等等。第二，对偏误的分类缺乏统一的标准。不论从哪一个角度进行分类，实际上总有一些偏误难以归入其中或可左可右。第三，从理论到实践都很难说明偏误与回避的关系。回避是一种有意识的交际策略，偏误分析很难说明回避出现的情况以及回避是不是偏误等。诸如此类的问题，都需要进一步加以研究和完善。

（四）中介语理论

中介语（inter language）指的是第二语言学习者特有的一种语言系统，这一语言系统在语音、语汇、语法、语言交际及其相关文化等方面既不同于学习者的母语，也不同于目的语，而是一种随着学习的进展向目的语的正确形式逐渐靠拢的动态的语言系统。20世纪70年代，科德、尼姆塞尔、塞林格三位学者为早期中介语理论的形成和发展做出了杰出的贡献，他们几乎同时提出了相近的理论观点。科德把学习者的语言系统称为过渡能力系统，这个系统是学习者现实的心理规则系统，学习者在对目的语规则假设的不断检验的基础上逐步更新这个系统，学习者习得过程中所产生的系统偏误就是这种过渡能力的表现。尼姆塞尔用"近似系统"的概念来描述学习者的语言系统。"近似系统"是说学习者的语言系统是逐渐接近目的语系统的、不断变化的连续体。一方面，学习者不可能在瞬间接触到整个目的语系统；另一方面，学习者的母语是一种干扰源，使学习者的语言系统偏离目的语系统。塞林格1969年在论文Language Transfer中首先使用了中介语这一概念，1972年又发表了题为Inter Language的著名论文，确立了中介语理论在第二语言习得研究中的地位。他认为，由于学习者的话语与目的语是不一致的，因此在构建第二语言学习理论时，人们完全有理由或者说不得不假定存在着一个独立的、可以观察到的以语言输出为基础的语言系统，我们把这种语言系统称为"中介语"。

中介语包含两层意思：一是学习者语言发展的任何一个阶段的静态语言状况；二是学习者从零起点开始不断向目标语靠近的渐变过程，也就是学习者语言发展的轨迹，这个过程是动态的。中介语理论要研究的是动态过程,而对动态过程的研究必须建立在对静态语言状况的描写的基础上。

1. 中介语研究的目标和基本途径

中介语研究的基本目标是发现并描写中介语系统;中介语研究的核心目的是探求第二语言学习者语言系统的本质,揭示第二语言习得过程的内在规律,为课堂教学和教材编写内容的选择、组织和安排等提供理论依据。中介语研究的基本途径是观察和实验,以及对观察和实验的结果进行比较、分析和描写。观察就是直接了解学习者学习和习得的情况,包括观察对象的背景情况、语言输入和输出情况等。实验就是根据对中介语发展的某种假设进行有计划的实验,通过观察得到的初步结论也要经过实验来证实。比较就是对观察和实验的结果进行比较,包括个体之间、群体之间的横向比较,个体与群体在不同阶段学习及习得情况的纵向比较。分析就是对观察、实验和比较的结果进行分析,揭示各种主客观条件在语言习得中的作用以及产生偏误的原因等,包括语言习得和偏误跟个人背景的关系,与教材、课堂教学、课外语言环境等的关系。描写包括随时对观察、实验、比较和分析的结果进行记录和整理的即时描写,对某一阶段(如一学期、一学年)的观察、实验、比较和分析的结果进行系统的描写和整理的阶段性描写,对某种语言的中介语进行全面整理和归纳的系统描写。最基本的研究方法有:垂直研究,即对某一个或一些学习者第二语言的学习过程进行跟踪调查;交叉研究,即同时对处于同一学习阶段的学习者的中介语进行研究。

2. 中介语的特征和中介语产生的根源

中介语主要有以下三个特点:

(1) 整体的系统性:中介语作为一种第二语言或外语学习者使用的语言,具有人类语言的一般特性和功能。从内部构成上说,它也是由语言要素构成的系统,即它有语音、词汇和语法的规则系统,学习者能够运用这套规则系统生成他们从来没有接触到的话语。从外部功能上看,中介语可以发挥交际工具的功能,完成一定的交际任务。中介语的系统性还体现在,学习者使用的第二语言虽然与目的语系统有一定的差距,但是有一定的规则,而不是任意的。就是说,中介语在任何阶段都呈现出较强的系统性和内部一致性,学习者的言语行为是受到中介语系统规则支配的,这跟母语的使用情况是一样的。实际上,学习者第二语言交际中出现的偏误是以目的语的规则体系作为衡量标准的,从中介语系统来看,这些所谓的偏误就另当别论了。

(2)内部的重组性:中介语系统是一个不断变化的体系,一方面有来自母语规则迁移的影响,另一方面有来自目的语规则泛化的影响,同时学习者不断地接受新的目的语规则,不断地做出新的假设,这样就使中介语总是处在不断扩展、修改和重组的过程中。中介语系统正是在这种不断变化、重组和逐步修改假设的过程中逐渐向目的语系统靠拢。

(3)发展的僵化性:从总的趋势上说,整个中介语是不断地向目的语系统接近的,但这种接近不是直线式的,而是曲折式的,表现为在整个中介语系统中和某些方面的僵化现象。第一,某些已经纠正过的偏误往往有规律地反复出现。鲁健骥认为,造成这种情况的原因可能是外语学习者在表述一个意思的时候,使用的目的语形式比较难,因而使用一个更熟悉的中介语形式,而这一形式从目的语的标准看是有偏误的。第二,学习者的中介语连续体在尚未达到目的语状态时便停止了发展,进一步的学习也不会再有进步。第三,学习者的某些语言形式在未达到目的语状态时便停止,同时某些语言偏误已作为一种习惯固定下来,进一步的学习也无法改变。例如,某一个或几个音总也发不好,某一个或几个语法经常出错。

塞林格指出,学习者在中介语构建过程中主要使用了以下几种手段,也就是中介语产生的几个根源:

其一,语言迁移(language transfer):指在第二语言或外语学习过程中,学习者由于不熟悉目的语的规则而自觉或不自觉地运用母语的规则来处理目的语信息的一种现象。利用母语知识可能导致语言偏误,即所谓负迁移,也可能导致说出正确的目的语句子,即所谓的正迁移。不过对于后者,如果不了解说话人的母语,就根本发现不了这种迁移。事实上,正迁移同负迁移一样值得研究,因为它同样能够告诉我们语言迁移在什么时候和什么情况下可能发生。当然,负迁移才是产生中介语的原因。

其二,目的语规则的泛化(overgeneralization):指学习者把某些目的语规则当成普遍性的规则来使用,即过度类推造成语言偏误。初学者的语言偏误多是由母语干扰造成的,因为母语是唯一的"靠山"。对于中等以上的学习者来说,他们的语言偏误多是由目的语规则的泛化造成的,因为此时学习者总是愿意把已经学过的目的语知识和规则同当前学习的内容联系起来,这应该是正常和合理的,但往往由于过度使用某些知识和规则而造成语言偏误。

其三，训练迁移（transfer due to the effects of teaching）：指由于教学不当、训练不当或采用有错误的学习材料而造成的语言偏误。具体来说，教师讲解不清楚、解释错误、示范有误导、对句型使用条件阐述不充分等都可能使学习者出现语言偏误。

其四，学习策略（learning strategies）：指学习者学习和掌握单词、语法规则和其他语言项目的含义和用法的方法。迁移、泛化、简化等都是学习者常用的学习策略。简化策略主要体现为"减少羡余"，即减少对意思的表达显得多余重复的语言成分。简化的另一种情况是，学习者通过过度概括一些语言现象而得到一条规则，然后用这条规则去创造语句表达新的意思。实际上，泛化和迁移都是把已有的语言知识（包括目的语和母语）运用于第二语言学习的策略，都可以视为简化策略。简化有助于发展目的语体系，它反映了学习者建立和检验假设的过程。迁移、泛化和简化这三种学习策略相互联系又互有区别，使用这些策略造成的语言偏误事实上是很难明确区别开来的，偏误有时可能是三者同时作用和相互强化的结果。

其五，交际策略（communication strategies）：指学习者在表达意思时所用的方法。由于所要表达的内容超出了学习者现有的目的语的语言知识和技能，于是不得不使用一些语言或非语言手段进行交际，这些手段就是学习者的交际策略。交际策略的采用也是学习者中介语系统形成的原因之一。常见的交际策略包括回避和换个说法。比如，学习者对发某个音感到困难、不知道或想不起来某个单词或句型时，他就可能采取回避不说、转换话题或换个说法（乃至使用一两个母语单词、加上手势和表情等非语言表达方式）来"完成交际"。交际策略的使用对中介语系统的形成同样有很大的影响，许多偏误就是使用交际策略造成的。

第三章 对外汉语教学概述

近年来，对外汉语教学作为一门独立学科正逐步走向成熟。同时，随着中国国际地位的日益提升，中国与世界各国的沟通和交往更加紧密，因而向全世界推广汉语的需要也更加迫切了。由此，对外汉语教学也将面临更大的挑战。在这种形势下，我们有必要在了解汉语教学学科属性的基础上，探究我国汉语教学和教学法的发展状况，以更好地制定改革，促进汉语教学工作的有效发展。

第一节 早期汉语学习与汉语研究

对于学习一门语言来说，教师固然重要，教材也同样重要。19世纪早期的情况是，不仅汉语教师稀少，用于学习汉语的教材也很有限，而有限的几种教材皆是欧洲人的作品。因此，裨治文和卫三畏在19世纪40年代陆续编写了三部工具书，不仅增加了汉语学习者的选择范围，还打破了欧洲人的作品一统天下的局面。裨治文主持编写的《广东方言读本》首先于1841年出版（印量为800册），这是美国人编写的第一部关于学习汉语的工具书，也是第一本专门用于练习广东方言的实用手册，具有重要的历史意义。为了表彰裨治文的这一大贡献，纽约大学于1841年7月14日授予他神学博士学位。

裨治文之所以要编写《广东方言读本》，是因为想学广东方言的外国人日渐增多，但自马礼逊的《广东省土话字汇》于1828年问世以来，"一直没有其他有价值的工具书出版，对这一方言的忽视显然难以适应日益增长的中外交流"。正如书名所标志的那样，该书以简易语句的形式提供练习，每页分三列，分列英文、中文及罗马字母拼音，并附注解。全书共分17篇，分别是习唐话、身体、亲谊、人品、日用、贸易、工艺、工匠务、耕农、六艺、数学、地理志、石论、草木、生物、医学、王制，可见作者的意图不仅是帮助读者学习广东口语，还要帮助他们获得有关中国的各类信息，将语言的学习和知识的学习结合起来。

马礼逊的《广东省土话字汇》共分三部分，第一部分是英汉字典，第二部分是汉英字典，第三部分是汉英对照形式的汉语词组和句子。《广东方言读本》可以说是对《广东省土话字汇》第三部分的扩大和补充，因为其篇目的设置更贴近日常生活，例句更为丰富和精确，注释的加入也是本书的特色之一。《广东方言读本》的出现无疑为广东方言的学习提供了有力的帮助，但是该书是大部头书，使用起来不太方便。简单实用的《拾级大成》的适时出版满足了读者的需要。

《拾级大成》是卫三畏独立编写的第一部汉语工具书。在此之前，卫三畏参与了《广东方言读本》的编写。在《拾级大成》"前言"中卫三畏说："本书是为刚开始学习汉语的人编写的，读者对象不仅包括已经在中国的外国人，还包括在本国或正在来中国途中的外国人。"全书的内容包括：①部首；②字根；③汉语的读写方式介绍；④阅读练习；⑤对话练习（与老师、买办、侍者）；⑥阅读文选；⑦量词；⑧汉译英练习；⑨英译汉练习；⑩阅读和翻译练习。相对于《广东方言读本》偏重于说的练习，《拾级大成》更侧重于读、译的练习，显然与《广东方言读本》形成互补。在阅读练习中，作者的编排首先是中文，其次是拼音，再次是逐字的英译，最后是符合英语习惯的翻译。阅读练习遵循由易而难、逐级提升的编写原则，首先是单句练习，然后逐渐过渡到成段的文字。翻译练习的安排也是如此，从字句的翻译到成段的翻译，从提供参考译文到最后不再提供参考译文，作者显然是希望通过这些练习能够使学习者比较快地掌握汉语。如果像卫三畏所设想的那样，一个学习者通过前面的操练最终能够完成书末成段的中译英练习，那么他确实可以说已经"大成"了。

在《拾级大成》出版两年后，卫三畏又推出了另一部工具书《英华韵府历阶》。这是一部英汉词汇手册，按照英语字母顺序依次列出单词和词组，并给出中文的解释和官话注音。之所以用官话注音，是为了适应中国内地已经逐渐开放的形势。由于广东、福建仍然是当时传教士和其他外国人活动的主要区域，所以在书后的索引中，除了官话注音，卫三畏还给出了该词汇表中出现的所有汉字（按照214部首排列）的广东话和厦门话注音。《英华韵府历阶》可以看作是对马礼逊《广东省土话字汇》第一部分"英汉字典"的扩大和补充。马礼逊的词汇手册出版于1828年，早已绝版，鉴于这一情况，卫三畏编写了这本工具书。

以上三本工具书的出版标志着美国人的汉语学习和研究已经脱离了最初的阶段，开始走上了一条逐渐成熟的道路。

第二节　汉语作为第二语言教学与习得研究情况

一、第二语言教学研究情况

（一）国内外学界关于第二语言文化教学的研究情况

国内对外汉语教学界对文化教学的研究始于 20 世纪 80 年代初。经历了从 20 世纪 80 年代末到 20 世纪 90 年代中期的热烈讨论，对外汉语教学界在文化教学的定位、定性、定量等方面取得了很多成果，并提出"文化因素"概念和制定文化大纲等重要观点。

尽管对外汉语文化教学研究发展较慢，但在学界，还是有越来越多的学者把研究重点放在文化教学上。在语言课中的文化因素教学研究方面，张占一首次提出把文化分为"知识文化"与"交际文化"，并进一步修正、阐述了这两个概念的交叉性、对比性、相对性。20 世纪 90 年代，赵贤州提出文化导入说，指出文化导入是语言教学的深化，目的是让学习者较为准确地把握语言形式中的文化信息及其深层次含义，以在不同情境中完成较为完美的交际。林国立对汉语中的文化因素教学进行了研究，具体探讨了文化因素的定性、定位和定量问题，并进一步探讨了构建对外汉语教学的文化因素体系（即文化大纲）的必要性及重要价值。胡建军从中高级口语课角度谈到该阶段文化教学的重要性，指出研究文化教学和语言教学互动影响的规律，探讨了中高级口语教学内容和教学方式方法对中高级口语课程的重要影响等。安熙贞通过对韩国高中汉语课程中文化内容的调研，提出了相应的教学策略。龙又珍对中级汉语口语的教材及教学实例进行了研究，提出中级口语教学的七种文化教学法等。邢志群从语言课中文化教学的目的、内容和方法等不同角度探讨了语言和文化教学的体系，并进一步论证、说明了在不同阶段对外汉语课程中循序渐进地将语言中蕴含的文化层面的内容介绍给学生的方法与策略。李枫阐述了对文化教学中文化因素进行阶段性划分的依据、必要性及其相应的分类原则、划分办法，提出了文化因素教学的阶段性策略。

在对专门的文化课教学研究上，关于对外汉语文化教学的目标，张英指出，"目的是为学习者提供必要的文化知识储备，以加强他们对目的语国家的思维方式、审美倾向、民族心理、风俗习惯等意识形态的理解"，"其最根本的目标，在于提高学习者对汉语的接受、理解和使用能力"。

另外，因为"培养学生的跨文化交际能力是第二语言教学的主要目标"，作为对外汉语教学的重要组成部分，培养留学生的跨文化交际能力，同样是文化教学的重要目标。

根据对相关文献和国内高校文化课程设置的调查，我们发现，在汉语学习的初级阶段，专门的文化课程很少，这种课程设置的原因在于此阶段是留学生打好语言基础的关键时期，言语技能培训的重要性远远超过对目的语文化的系统性教授，这在对外汉语教学界基本达成共识；但是伴随留学生汉语水平的提高，他们对汉文化的求知也越来越理性化与系统化，或者如果不系统地学习汉文化，他们对语言的进一步学习和运用也将受到阻碍。此时，专门的文化课教学就非常重要，在这类教学中，文化是显性的、第一位的，而语言是隐性的、第二位的；教师不仅要传授给学生必要的文化知识，还需要通过教学引导学生理解知识背后的文化内涵，提升学生对中国语言文化的认知与解读能力。国内高校在中高级阶段，逐渐增加文化课的数量就集中反映了这样的教学趋势和发展要求。

就文化教学的特点而言，程棠指出：第一，文化教学的主要任务是系统地讲授中国文化知识；第二，文化教学关注的是各类文化知识的系统性；第三，文化教学具有跨文化的特点。

由于文化教学传授的是中国文化，这必然与学习者所代表的母语文化相碰撞，出现文化差异，教师在课堂上需要带领学习者去关注、认知这类文化差异，在尊重学习者文化身份的前提下帮助他们学习、理解，进而适应中国文化。

辛平对传统的文化课教学进行了分析，提出"充分利用大环境开设文化实践课"的文化教学新模式；刘继红则通过介绍国外大学文化类课程的内容及授课方式，为我国的文化教学提供启示；戴岚针对"中国民俗文化"课程的教学进行讨论，将该课程与"中国文化"及面向中国学生开设的"中国民俗"进行比较，分析差异，并对"民俗文化"课程进行定位；施仲谋探讨了中华文化教学的目标和背景以及教学大纲如何制定等问题，并讨论了从小学到大学的文化教学如何渐进化和系统化进行等；张英通过对第二语言文化教学基础理论和已有成果的整理研究，对"对外汉语文化大纲"的性质、任务、基本框架以及与其他语言类大纲的关系等基础性理论问题进行了相应的讨论。在文化教材方面，近年来，张英、赵宏勃对对外汉语文化教材的现状进行了分析，并针对教材编写提出了建议，张英还进一步就文化教学等级大纲的制定展开讨论；周小兵从教学目标、对象、内容的选择、语言难度等方面对部分汉语文化教材进行了系统的考察，指出存在的问题，并对比中外语文化教材，对汉语文化教材的开发提出了建议。

（二）国外学界

1. 文化教学的发展阶段与教学模式

不同的社会文化环境和教育体制使外语教学中的文化教学在各个国家、地区呈现出不同的特点。由于国际交流与合作日益频繁，教育愈加国际化，文化教学在各个外语教学中的"发展轨迹大体相同"，"文化在外语教学中的作用和地位变化"基本都经历了"外语教学与文学欣赏""外语教学与交际能力""外语教学与跨文化交际能力"三个阶段。第一阶段（20世纪五六十年代），"文化"被称为大写文化，主要包含目的语社会中的历史人物、重大事件、宗教礼仪等，与语言重点无关，只作为背景知识介绍给学生；第二阶段（20世纪60年代后期到20世纪80年代），文化成为促进词汇学习的重要因素，并逐渐成为以交际能力为目的的外语教学中的重要内容，此时的文化教学以小写文化、日常生活中包含的文化为主要内容；第三阶段（20世纪八九十年代），在外语教学中，文化取得了与语言同等重要的地位，文化教学不仅为语言教学创造真实的语境，提高了学习者的语言能力，还帮助学习者在了解外国文化的基础上对本民族文化进行反思，增强跨文化意识，提高跨文化交际能力。在这里，"文化"不再是一成不变的事实，而是一个过程。文化学习不再只是对文化知识的学习，还包括学习者对情感态度的调整以及行为的变化。

每一个发展阶段的文化教学都具备相对应、具有代表性的教学模式，按照时间顺序，教学模式主要包括地域语言文化兼并教学模式、交际语言文化融合教学模式、跨文化交际综合模式、多元文化互动模式等。陈申对上述西方语言文化教学中的模式进行了系统的梳理与分析，并阐述了其对世界汉语教学的影响。

2. 国外汉语教学中的文化教学

以美国为例，笔者通过相关文献及对美国五所高校部分师生进行的邮件采访，了解到目前美国的汉语教学状况和主要特点。

由于缺乏汉语学习的社会环境，美国一些高校采取"文化先行"的教学模式。例如，美国的一些大学会开设有关中国文化的选修课程，教授用英文讲授，很多学生在学习该课程后对中文产生兴趣，进而开始系统地学习中文；一些大学在汉语教学的初级阶段，在开设言语技能课的同时设置了较多的文化课程（如中国历史、中国文化、中国概况等），让学生与汉文化"亲密接触"，并逐渐了解汉文化及中国社会的概况，培养学习者对汉文化的兴趣，进一步激励学习者学习汉语，在此基础上，学校逐渐增加言语技能课程，对学习者进行汉语与中国文化的双向教育，从而引导学习者在语言习得与文化习得两方面取得进步，使学习者更好地运用汉语进行跨文化交际；还有一些学校鼓励学生一边上语言课一边上文化课，以同时习得汉语与中国文化（如ASU）。在教学内容方面，美国高校的汉语文化类课程涵盖面很宽，内容丰富，包括文学、历史、文化、哲学思想、艺术、宗教等诸多方面，并偏重对近现代中国文化、当代中国文化的讲授。就教学手段和方法来说，美国高校非常重视运用现代化教学手段，即运用多媒体开展文化教学，使学生通过媒体更高效地获取关于中国文化的必要知识与信息。范银华指出，从国外大学课程设置现状可以看出，国外文化教学以文化知识的学习与介绍为主。简言之，"文化先行"模式在一定程度上"弥补了目的语环境缺失对汉语学习的不利影响"。美国高校的中国文化课程内容丰富，但由于"教学安排没有体现出循序渐进的原则"，"还存在因人设课"的现象等。除"文化先行"教学模式外，"语言先行"也是美国部分高校采用的主要汉语教学模式，即在汉语教学初级阶段（本科一、二年级），课程以言语技能课为主，教师在语言课上同时进行定量的文化因素教学，使学生在学习语言时对语言形式所隐含的文化因素有所了解；从中级阶段（本科三年级）开始，专门的文化课程逐渐增多，文化课与语言课构成了一个完整的语言与文化知识体系，以帮助学生全方位学习汉语、了解中国文化、提高跨文化交际能力，这与国内文化课程的设置是相同的。

值得注意的是，汉语教学真正进入美国主流课堂的标志是2006年由美国大学理事会在中学开设的AP汉语与文化课程。该课程贯彻了美国21世纪外语学习标准的核心主题，即五个C：Communication（沟通）、Cultures（文化）、Connections（关联）、Comparisons（比较）、Communities（社区），在一定程度上体现了美国外语教学界在教学上的最新理念和发展趋势。文化在课程中占据了重要位置。《AP汉语与文化课程概述（草案）》写道："发展学生对于中国文化的体认是普遍的主旋律。""课程致力于学生对中国当代与历史文化的学习及探究……是语言与文化的综合"。就文化教学的内容而言，该概述写道："（课程）把中国文化放到国际背景下来看待……通过对中国文化产物、习俗以及观念与学生自身所处社会相关情况的比较，AP汉语课程帮助学生拓宽国际视野。"在此基础上，学生才能最终超越对中国文化产物以及习俗的知识性的学习，从而理解反映出来的中国式的世界观。范银华指出，AP汉语与文化课程的教学模式与国外文化教学的总体教学理念保持一致，宗旨都是为学习者提供全面的中国文化课程，让学生全方位地理解汉语文化，并使用汉语与文化知识来解决实际生活问题，提高跨文化交际能力。我国学者娄毅、朱瑞平、王若江、陈绂等对AP汉语课程进行了详尽的介绍和研究。陈绂指出，AP课程具有"分科式教学与主题式教学相结合""语言教学以完成任务为中心""注重文化内容在外语教学中的地位与分量""充分发挥学生主动性，强调学生自主学习能力"等特点，并将其与国内汉语教学加以比较，对我国近年来的对外汉语教学进行了反思，指出在教学体系的融合、教学目标的设定、文化与语言教学的结合，以及强调学生的自主学习能力等方面，我们都有进一步发展，并提出下一步的实施目标。娄毅根据对学习者兴趣的调查，针对AP汉语和文化教材的内容提出了两条标准，进而提出了具体的教学建议等。

3. Kramsch的后结构主义语言文化观

陈申指出，西方有关语言文化教学的演进过程，可概括为"兼并""融合""综合""互动"四种模式。其中，"多元文化互动模式"于20世纪90年代问世，代表人物是美国加州伯克利大学的著名语言学家Claire Kramsch。Kramsch关于语言文化教学的观点体现了后结构主义哲学思想，对西方外语教学及加州伯克利大学的汉语教学产生了巨大影响。1993年出版的《语言教学的环境与文化》是Kramsch讨论语言文化教学的代表作。Kramsch从语言教学的理论与实践两方面探讨了语言教学的环境和文化问题。具体而言，Kramsch从语言学习和文化障碍间的冲突入手，指出不能人为地把语言与文化一分为二，而应该用"多元合一"的眼光看待语言与文化，提出在语言学习中，目的语文化知识不仅是培养交际的重要方面，本身还是教育要求之一。

在谈到课堂环境时，Kramsch 鼓励学习者应同时关注白底黑字的本研究后面的"弦外之音"，即"上下文"。她指出，"教授一种语言就是教怎样塑造一堂课的上下文"，学生应被鼓励去挖掘语言及其背后的潜在意义，这样他们的学习机会才会愈加丰富。教师应主动创造课堂文化环境，把语言学习搬上一个社会大舞台，让教师与学生以不同角色进行交际，实现文化互动。

面对外语教学界广为流传的一种观点——将语言教学视为听说读写四项基本技能训练，加上文化就是第五项技能，这样面面俱到，Kramsch 指出，第五项技能"文化"主要指用以启发学习者了解目的语国家的文化信息，不能保证学习者正常运用文化知识去交际。Kramsch 认为，应重视语言本身的文化成分，文化应该是通过语言而发现的一种新世界观。

在外语教学课堂上，由于交际者文化背景的多元性与差异性，不同文化间发生冲突在所难免。Kramsch 提出一种以"冲突"哲学为出发点的方法，竭力提倡教师、学生通过"对话"在教学中实现文化互动，以打破不同文化间的界限，让学习者了解如何用不同的参考框架来表示同一件事。Kramsch 认为，通过"不打不成交"，学习者实现了冲突化解和理解共存，并达到"第三位置"，有力地证明了语言给予人们的力量与控制。从这些观点中可看到，Kramsch 在语言文化教学上主张的是一种后结构主义，以强调学习过程"兼顾两极、全面施教"的新方案。

二、国内关于对外汉语教学的研究情况

（一）概况

对外汉语教学从 20 世纪 50 年代开始直到现在，已经走过了几十的时间，而汉语教学在这半个多世纪的过程中，无论是对汉语本体的研究，还是对教学法的讨论，以及对汉语作为第二语言的习得研究，都得到了长足的发展。特别是在国际汉语事业推广的今天，更多的外国人对中国充满了兴趣，愿意学习中文、了解中国，汉语作为第二语言的教学和研究工作更是在这样的大背景下朝着更好的方向发展。对外汉语是一门新兴学科，和其他学科相比，在理论支撑基础上，对外汉语对实践性的要求非常高。多年来，汉语教学线上的教师研究并借鉴第二语言教学中的优秀理论和方法，进行规

律性的综合和探讨，同时将其应用到实际的课堂教学中，取得了很多成果。总的来说，根据汉语作为第二语言的学习者、教学者，以及教学内容的特点，现在的对外汉语教学注重在教学法方面多措并举，根据课型和学生学习阶段的不同，将教学法细化、专业化，使整个汉语作为第二语言的教学呈现出多样性的现状。

1. 在口语教学方面

口语教学一直是对外汉语教学的难点之一，针对这一现状，教学界从教材出发，注重教材的编写体例和内容的实践性，将以培养学生的口语交际能力为目标的交际性教学原则贯彻到教材的编写当中；在教学方法上，力求采用恰当的语言形式、最佳的教学节奏和进度，因材施教，同时营造愉快的学习氛围，安排丰富多彩的语言实践活动。但是现今的口语教学课堂依旧存在一些现实性的问题。口语课应该是一项"专门目标课"，它的训练内容不是书面语，也不是完全的口头用语，而只是作为口语体的口语，这一部分语言具有自己独立的语法体系和规范化标准。现在，我们的汉语教学口语课堂更多的是以综合课或者大班课的主要生词、语法和句型，或者以口头表达训练作为课堂的主体，而且使用的是口头语言，而非真正意义上的口语，而对于吕必松先生提出的这一"专门目标课"的口语操练则关注得相对较少。作为具有自己独立语法体系和规范化标准的汉语口语，其拥有一系列不同于书面语的语言特征，然而目前对这些口语语法的教学在实际操作过程中没有得到足够的重视，同时也没有把汉语的口语语法教学系统全面地应用到汉语教学任务当中去。一方面，教材中教授给学生的语法很多时候不能有效地解释口语中出现的部分语法现象；另一方面，我们的研究也还没有进行系统的口语语法的归纳、提炼和总结，尤其是针对汉语作为第二语言的口语语法总结。因此，这方面研究的缺失以及课堂教师关注度的不够，使学生在实际表达中往往选择教材上已有的完整句或者听起来比较生硬的正规性句式，虽然对方能够听懂学生的语言，但是这样的表达明显不够自然和地道。因此，我们应该从汉语口语的语法特点出发，以指导教学为目标，进行相关语法的梳理和总结，进而编写汉语作为第二语言的口语教学词汇或是语法大纲，从而更好地指导和满足学生语言交际的需要。

2. 在词汇教学方面

从不同阶段的词汇教学来看，其侧重点和方法也呈现出不同的特点。初级阶段的词汇教学大多与语法教学相结合，在句型框架的基础之上，将词汇放入其中，同时结合语境进行词汇教学，目的是让学生更快地掌握一部分基础性词汇，同时采用演示描述、汉外对应、联系扩展等方法。中级阶段的词汇教学则侧重词汇的加工方式，建立学生的词素意识，从字本位的角度培养学生关于汉语词汇系统的结构意识。在高年级阶段则注重加强学生对汉语词汇知识的系统学习，包括同义词和近义词的辨析、同音词的区分、同形词和多义词等的掌握等，同时增加学生对语料的接触，引导他们逐步建立汉语词汇结构意识，培养学生的自学能力和语言运用能力。另外，在词汇教学过程中，归类集合性的词汇教学被普遍地使用。

在词汇教学方面，围绕是"字本位"还是"词本位"的教学方式，汉语教学界一直有不同的呼声，也出现了不同的教学观点。潘文国认为，字本位的词语教学是自成体系的，以字为重心，可以前后联系，形成一个个字族，并就此形成符合汉语特点和汉语学习规律的教学思路，从而从根本上解决汉语作为第二语言教学词汇输入效率低下的问题。徐通锵发表出版过一系列文章和专著，明确提出"字本位"的汉语语言观，认为汉语中没有和词相当的结构单位，"字"是汉语的基本结构单位。刘颂浩认为，字本位理论本身在汉语教学方面是不具备优势的，形成字族的前提是含有相同汉字的词语必须具有意义上的关联（近义或者反义），否则二者之间没有任何联系，也就无法形成所谓的字族。刘珣认为，现阶段对外汉语教材采用词本位的教学方法是符合汉语特点的，同时这一做法还充分考虑了汉语作为第二语言教学的特点，因为只有词才是语言中最基本的造句单位。而近年来，随着西方语言学界关于"语块"研究的兴起和引进，"语块"的概念也被植入汉语研究和对外汉语教学的领域。语块概念突破了传统汉语词汇学的范畴，使对汉语教学基本单位的探讨又向前深入了一步。但是目前关于语块的界定、形式、范围，包括与汉语语法系统的结合等都需要进一步地细化和研究。

3. 在汉字教学方面

目前，汉语教学界对汉字的教学方式从总体上讲大致可以分为两个方向。常微在《从对外汉字教学现状看"正""俗"两派教学法的应用与融合》一文中，将现阶段汉字教学的两方面倾向以"正俗两派"来定义。具体地讲，"正派"汉字教学主要是以文字学理论为指导，根据汉字的构造规律、笔顺笔画，从六书理论出发，比较严格地按照普通汉字教材的程式进行汉字教学。"正派"汉字教学强调汉字的结构和笔顺笔画的组合规律。之所以称之为"正派"，是因为其教学出发点就是汉字学理论的基本原理，通过汉字教学，让学生系统地认识汉字的结构、笔顺笔画、偏旁部件、形符声符等。与其对应的"俗派"教学则不拘泥于传统的汉字学理论，也不专注正统汉字学的传统理论，而是通过各种灵活的方式对汉字进行"戏说"，用学生感兴趣的以及便于学生记忆的图片、图示等各种方式解说汉字，帮助学生记忆和书写汉字。比如，对于"王"字，"正派"教学法是告诉学生笔画笔顺或是"王"字的六书理论，而"俗派"教学法采取的方式可以是直接问学生 1+1=？，然后告诉学生在汉字里，1+1="王"。两种不同的汉字教学法到底谁优谁劣，到底哪种方式可以更实际有效地提高学生的汉字能力和水平，都有待课堂教学的进一步实验对比研究。

但是总体来说，汉字教学在整个汉语作为第二语言教学的大框架下，依然处于相对滞后的位置。这种现状是由多方面原因造成的，其中非常重要的因素在于汉字的本体研究已经取得了不少的成绩，但是以教学为导向，特别是以汉语作为第二语言的教学为导向的汉字研究工作还有待进一步深入。同时，如何把现有的汉字研究成果有效地应用于实际性的课堂教学中，现阶段的工作做得也还不够。也就是说，我们的汉字研究和汉字教学的结合程度还不够高。从教学本质上说，汉字本体研究和应用其目的是一致的，都是为了认识、识记并掌握汉字，只是汉字本体研究往往立足于汉字的现状、历史演变规律以及汉字本身的特性等方面，从而探索汉字在历史演变发展过程中的内部规律性，包括影响这些规律性的各种原因。而汉字教学在汉语作为第二语言教学方面，却要求将前者的研究成果，包括汉字的认知、汉字系统的性质、汉字本身的结构和客观规律等，生动直观并且有效地教授给学生，帮助他们认读、书写、识记。因此，二者之间并不矛盾，而是相互需要、相互促进的。赵金铭先生在谈论汉语语法教学时曾说，"学习者用我们教给他的语法规则类比套用，造出各式各样的句子"，"有时完全无误，有时就错了，以至于错得匪夷所思"。于是，教者不得不反躬自问，我们所教的语法条条是否有问题。赵金铭先生说的是语法教学方面的问题，在汉字教学方面也存在。当我们从教学中发现问题，开始思考从而改进教学的时候，就会更深刻地认识到汉字本体研究和汉字课堂教学之间相互推动和促进的紧密关系了。

以上我们将汉语作为第二语言的教学从口语教学、词汇教学以及汉字教学的现状和不足方面做了大致的概述，但是总的来看，对外汉语教学从 20 世纪 50 年代开始至今已经取得了卓越的成就，一线教师和从事汉语教学的研究者们在教学经验和教学法方面所取得的成就也是巨大的。在全球范围内，汉语越来越被需要。在这样的良好机遇下，我们所进行的教学和研究就显得尤为必要，在前辈的研究成果基础上，开展进一步的教学和理论研究和探讨，并将其应用于实践，是推动对外汉语教学进一步向前发展的必然要求。

（二）教学法及策略的研究现状

1. 教学法

第二语言教学法有诸多派别，主要包括以下三大类：

（1）传统派的教学法。这一学派认为，教育的最高要求是使学生掌握逻辑推理能力和抽象能力；言语行为的基本特征是创新而非模仿；理解是学习语言知识的基础；在学习语言的过程，要重视语言知识的科学性和系统性。具体可分为语法翻译法（grammar translation method）、阅读法（reading method）、认知法（cognitive approach）等。

（2）改革派的教学法。这一学派提出学习是通过刺激—反应进行强化而形成的，注重语言和客观的直接联系，强调模仿、重复、强化等手段的运用，包括直接教学法（direct method）、听说法（audiolingual method）、全身反应法（total physical response）几种类型。

（3）其他教学法。包括静默法（silent way）、启示教学法（suggestopedia）、咨询学习法（counseling learning）、功能法（functional method）、任务型教学法（task-based language teaching method）等。

上述教学法中，功能法和任务型教学法是目前较受关注的两种。功能法产生于20世纪70年代的西欧，是吸收了直接教学法、听说法以及一些新的语言学理论而形成的一个综合性的教学法流派，十分注重语言的交际功能。任务型教学法产生于20世纪80年代，成熟于20世纪90年代初期，它强调在"做中学"，即用语言来完成任务，从而达到掌握语言的目的，从教学任务的选择到课堂教学的组织、实施和评价都是围绕任务展开的。在具体实施时，最为典型的方法是角色扮演和全身反应法。全身反应法（上述改革派教学法的第3类）是由美国加州圣荷塞州立大学的詹姆士·阿歇尔（James Asher）根据人的左右脑的不同功能提出的。他提出以身体动作为基础，让学习者通过游戏、触觉活动来学习语言。全身反应法是通过祈使句的使用、教师的姿势和对物体的操作传达出语言文字的含义，让学生用身体动作来展示他们的理解。

不难发现，相较于其他教学法，功能法和任务型教学法均注重语言的实际运用。语言不仅是思维的工具，也是人们交际的工具，而且后者在语言学习中，尤其是在第二语言学习中更显突出。因而，在诸多的教学法中，功能法和任务型教学法因与该目标的匹配度更高而受到更多的重视绝非偶然。

自20世纪50年代以来，人们对第二语言教学法开始了系统的探讨，其发展大致经历了四个阶段：

（1）创立阶段。这一阶段是指从20世纪50年代至20世纪60年代初，其特点是在明显的语言学思想的指导下，以系统的语法知识讲授为主，教学内容以词汇和语法教学为中心，教材以音素和语法为纲，教学方法为语法—翻译法。在这一阶段，第二语言教学由于处于建立初期，缺乏对其特性的深入研究和准确的定位，因此存在较为明显的母语教学的痕迹。1958年，由北京大学中国语文专修班编写出版的《汉语教科书》是我国第一部正式出版的对外汉语教材，书中第一次提出了较为实用的汉语语法教学体系框架，成为对外汉语教学作为一门较为独立的学科从母语教学中分离出来的一个重要标志。

（2）初步发展阶段。20世纪60年代初至20世纪70年代初是对外汉语教学的发展阶段。这一阶段注重实践性原则，教学内容侧重听说训练，采用第二语言教学的直接法与传统母语语法教学相结合的改进直接法。相较于语法—翻译法，改进直接法更注重学生听说能力的培养，更强调语言的实践性，但是并非教学原则和系统上的根本调整，只是一些具体方法上的改进，因而又称相对直接法。赵淑华、王还等人编写的《基础汉语》和《汉语读本》是这一阶段的代表作。

（3）深化发展阶段。20世纪70年代初至20世纪80年代初是对外汉语教学的深化发展阶段。我国对外语教学在总结自己的经验和对各种教学法流派进行比较的基础上，强调对话和句型操练，逐渐形成了以培养学生交际能力为基本目的，根据学生的不同特点和不同学习目的确定教学内容，实施结构、情景和功能相结合的教学原则，从而实现了在教学原则和系统上的根本性突破。这一时期的教材主要有李德津等编写的《汉语课本》、李培元等编写的《基础汉语课本》和鲁健骥等编写的《初级汉语课本》等。

（4）完善阶段。从20世纪80年代起，我国对外汉语教学法研究在广泛学习国外第二语言教学法的基础上,结合自身特点,从教学内容到教学方法都有了根本性的发展。随着研究的不断深入,我国对外汉语在教学中逐渐重视结构、功能的结合,代表教材有刘珣等编写的《实用汉语课本》等。在国外社会语言学研究成果的影响下,我国文化语言学的研究也逐渐兴起并成为热点,于是结构、功能与文化相结合的教学法应运而生了。这种教学法在先前结构与功能结合的教学法基础上加入了文化因素,在教学内容上重视文化导入并探索了诸如母语与目的语文化要素对比之类的多种具体的教学方式。此外,这一阶段还实现了课堂教学由以教师为中心到以教师为主导、以学生为中心的转变;相应地,教学方法也由以前的以教师讲解为主转变为以引导式教学为主。

综上,我国的对外汉语教学从创立发展至今,不管是教学思想还是教学系统和具体方法,都经历了从传统的母语教学的附属到作为一门实践性较强的应用型学科的转型,具有鲜明的个性特征。

2. 教学策略:以词汇教学为例

(1) 从宏观上对对外汉语词汇教学原则进行研究。李如龙、吴茗的《略论对外汉语词汇教学的两个原则》提出了区分频度原则(即先教使用频率高、构词能力强的词语,根据频率安排多义词义项和多音词义项的教学)和语素分析原则(即引入语素分析法安排教学,通过字与字的组合,让学生在学会一个个词语的同时,学会词语的组合原则并掌握语义的聚合群)。李绍林的《对外汉语教学词义辨析的对象和原则》认为在教学词义辨析时应遵从其对象大于汉语本体词义辨析对象的原则。

(2) 探讨对外汉语词汇教学基本单位。关于对外汉语词汇教学基本单位主要有三种观点:词本位、字本位和语素本位。词本位作为一种传统的教学主张,对其所做的研究主要集中在教学方法上。例如,黄振英介绍了初级阶段词汇教学的七种方法;李珠介绍了综合听读练习法;刘颂浩具体介绍了阅读课上进行的五大实词练习方法;胡明扬主张词语教学要分阶段进行,不同的阶段有不同的方法;陈贤纯提出取消精读课,在中级阶段把两万词语按语义场分类进行词语集中强化教学的想法;胡鸿、褚佩如针对来华外交人员的学习和生活特点,将汉语交际词汇初步分为称呼集合、数字集合等若干大的范畴(集合),然后与句型相结合,并通过各种练习帮助学生迅速掌握大量词汇;张和生在《也谈对外汉语词汇教学的本位之争》中指出,初级阶段学习者会遇到的"学习""星期""护照""签证""感冒""认真""马虎"一类常用词语，由于词在语义上的凝聚性，整词教学显然比汉字（语素）教学更便于讲解与接受。此外，李彤的《近十年对外汉语词汇教学研究中的三大流派》、贾颖《字本位与对外汉语词汇教学》和任瑚琏《字、词与对外汉语教学的基本单位及教学策略》等也都持词本位的观点。

字本位教学最早的提出者是法国汉学家白乐桑。他在《汉语语言文字启蒙》一书的简介中明确指出该教材采用的是"字本位教学法"。字本位教学法得到了我国语言学家徐通锵的支持，他在《语言论》中也强调了字本位理论。将字本位理论应用于对外汉语词汇教学领域的研究也有很多，例如，刘晓梅主张对外汉语词汇教学应充分利用汉语的特点和字提供的线索，以字为中心，把词汇和字的教学融合起来，我们称这种教学理念为字本位教学，概括地说，就是以点带面、以字带字族和词，联系"字族""词组"，真正地将字与词结合起来；郦青、王飞华指出，对外汉语教学中词汇教学还是应该以字为本，把双音节字拆成单音节字来教授。

语素教学法的最早提出者是盛炎。李开对汉语水平词汇等级大纲中的 1 033 个甲级词的内部语素构成情况进行了归纳和总结，得出四种甲级复音词语素构成方式，并结合语义构成分析确定了词汇讲解的先后顺序。王周炎、卿雪华建议进行语素教学时应先教一些构词能力强的单音节语素，语素与复合词教学同步进行，结合构词法进行语素教学，辨析发音相同的词和近义词时应突出语素教学。

还有一些学者从语义、词汇系统的角度研究汉语词汇教学。例如，万艺玲提出以义项为单位进行词义教学的方法；邵菁试图从语义配价的角度探寻一个帮助学生尽快掌握词语的义项、用法和语料的方法；赵果将汉语词汇根据语义透明度的高低和语素的搭配能力分为三类，并提出了相应的教学建议。此外，也有学者主张打破三者的界限，将它们结合起来作为基本教学单位，如李芳杰指出，汉字有很强的构词能力，在对外汉语词汇教学的初级阶段，汉字教学与词汇教学应有机结合，字词同步。贾颖的《字本位与对外汉语词汇教学》主张以词汇教学为纲，遵照汉语词汇规律进行系统的词汇教学，先教基本词汇中的单音节词，然后将汉字与复合词的教学同步进行；先借助外语对词进行翻译，然后对词进行分解，把分解出来的语素与一些常用语素组合成新的常用词，这些常用词再配上英文翻译。

纵观上述诸多针对词汇教学法本位的讨论，各家观点其实并非完全独立、界限分明。字本位教学法其实更接近"单音词本位"或"语素本位"。白乐桑的字本位指的是先教汉字的写法，最终目的还是让学生学会词语。徐通锵字本位理论的贯彻者刘晓梅也提出在"词汇教学中，以字义为切入点串联字组。对于单个字来说，除了要讲清楚它在课文中的意思和用法外，还要适当地让学生回忆已学过的同字组的词（即同素词）"，也就是说，其教学方法在本质上为语素教学法。语素法强调通过分析复音词内部语素的构成和组合，确定词汇教学的顺序，帮助学生扩大词汇量，其缺陷是在对复音节词进行描写时未充分考虑语素的多义性，因而在遇到有多个义项的语素时，如果不对其各义项间的联系和差异做出相应的说明，就会给学习者造成理解上的混乱。

相较而言，词本位是目前较受支持且在教学中普遍采用的教学方法。词是最小的、能独立运用的语言单位，因而在对外汉语教学中将其作为基本单位是较为合理的。在实际教学中，很多时候汉字、词和语素是对应的，并无截然分开的界限，因而我们宜将它们适当地结合起来进行教学。

（3）探讨在教学方法方面有具体的重要借鉴意义的理论。朱伟娟、谢白羽在《认知语言学与词汇教学——以对外汉语初级阶段综合课词汇教学为例》中运用认知语言学的"范畴"和"原型"、"精调输入"和"粗调输入"两组概念，提出了在词汇教学中，抓住词语的基本义进行讲解，然后围绕基本义进行词义的扩展和深加工，以及根据其复用性的不同对近义词采用不同的输入方法的建议。孙晓明的《国内外第二语言词汇习得研究综述》回顾了国内外第二语言词汇习得研究成果，指出 Richards 和 Nation 关于词语掌握或标准的讨论。Laufer"交际词汇门槛"假说和 Jiangd 的词汇习得三阶段模型，以及国外学者提出的关键词法、联想法、猜词法等词汇学习的方法和策略，对对外汉语词汇教学都有重要的借鉴意义。

焉德才的《论对外汉语词汇教学过程中的"有度放射"策略》也认为认知心理学上重要的理论—联想语义理论、语义记忆的激活扩散模型理论（spreading activeation model），以及语义场理论（the theory of semantic fields）、语义扩散理论（semantic spreading theory）、集理论模型（set theoretic model）以及领域理论（domain theory）对对外汉语教学具有重要的启发意义。

（4）对具体教学方法或练习方法进行探讨。谢米纳斯的《汉语词汇学教学初探》指出应注重词汇的搭配规律、构词方式和词汇体系，详细讲解反义词，系统分析同义词并探讨它们之间的联系;列举了多样化的练习方式,如翻译、选择或写出同义词或反义词、用所给语素造词、分析所给词语的构词方式、分析所给词语的语义结构并说出其结构方式等。刘镰力在《谈对外汉语词汇教学》中认为应区别一般词语和重点词语,重点词语每两学时最多处理3个左右,每篇课文一般不超过10个。一般词语相对多一些。词语讲练可借助上下文采取以下几种方法:造句、用指定词语回答问题、用指定词语改说句子、用指定结构完成句子。

周风玲在《谈对外汉语词汇教学》中列举了词义的解释方法,如翻译法、语素义推测法、直观法、对比法(包括同义词对比、反义词对比、类义词归纳等)、词语搭配法、语境法;此外,还介绍了一些常用的练习方式,如直观练习法、归纳练习法、句子练习法、改错练习法、话题练习法以及朗读生词、朗读课文、熟读例句、提问、扩句、听写生词、听写句子、听写短文等。

综上,我们可以发现,运用语素法进行词汇教学是被多位学者提及的一种方法。这也从另一个角度表明,虽然对外汉语词汇教学的本位是词语,但这并不意味着在教学中我们应将字、语素完全、绝对地与词语区别开。我们只有根据不同的语素对一个词进行切分,再将具有相同语素的词进行归类聚合,才能让词汇中一个个分散的词形成有规律可循的网络系统,这样不仅可以帮助学生发现汉语词汇的组合方式以及构成原因,还有助于学生在理解的基础上把握汉语词汇的本质,从而科学地记忆和正确运用。

三、第二语言习得的研究现状

(一)Schumann 的"文化适应模式"

"文化适应模式"(a cculturation Model)是美国语言学家 Schumann 于 20 世纪 70 年代后期提出的、建立在文化适应社会心理(social psychology of acculturation)基础上的二语习得模式。Schumann 认为,二语习得是文化适应的一部分,其适应程度决定了二语习得的水平。他把文化适应分为两类:一类是学习者不但在社会活动方面与新的文化多接触,而且在心理上对新的语言充分开放;另一类是除了上述特征外,学习者还有意识地自愿接受新的文化、新的生活方式和价值观念。

Schumann 在"文化适应模式"中指出,二语学习者与目的语群体的社会距离和心理距离是决定他们适应目的语文化的重要因素。社会距离主要包括社会优势、移入策略、学习者的封闭程度、学习群体的内聚性、学习群体的人数、两个群体的文化是否相合、两个群体的相互态度、在国外的居留时间；心理距离主要包括语言休克、文化休克、动机、语言自我四个因素。Schumann 指出，在较差的二语习得环境中，当社会距离较大时，学习者能够接触的目的语输入量会非常有限，这对其学习造成了阻碍；当心理距离较大时，学习者较难从语言休克、文化冲突带来的种种消极症状中恢复（或者需要较长时间），同时难以克服语言自我（language ego）的心理障碍，从而影响学习者建立积极的学习动机，加之情感过滤的作用，学习者较难得到充足的语言输入，无法顺利地通过学习来内化语言知识，最终难以成功地习得语言。因此，社会距离与心理距离对学习者的二语习得有重要的作用。

（二）语言与认同

在国外学界，"语言与认同"早已成为社会语言学的一个重要研究主题，有关二语学习者的认同研究在过去十多年里也在逐渐发展。在各种语言理论中，关于"语言与认同"的研究起初并非一门"显学"，而只是附属于各语言理论的"隐性研究"。

例如，美国应用语言学家 Schumann 提出的"文化适应模式"，该理论认为文化适应过程受本国与目的语国家文化的社会距离与心理距离的影响，并具体分析了社会距离、心理距离对二语习得的重要作用，其中"学习者认同"的概念隐含在学习者的文化适应模式中，并可视为学习结果的预测因素。

半个世纪以来，"语言与认同"研究逐渐从附属地位上升至学者的关注重点，关于这一研究的视角也呈现出建构性的发展特点。甘柏兹正式开辟"语言与社会认同"研究领域，指出民族和社会认同在很大程度上是通过语言建立和维持的；Le Page 和 Tabouret-keller 提出语言行为即认同行为的观点；美国教育学者 Lave 和 Wenger 提出的情境学习（situated learning）理论认为学习的本质就是认同建构发展的过程；等等。

在社会建构主义视角下，"语言与认同"研究的一个主议题是二语习得与认同的关系。加拿大语言教育学者博尼·诺顿是将社会认同理论引入二语习得领域的先锋人物。诺顿通过对在加拿大生活的 5 位女性移民为期一年的纵向研究，指出个体语言学习者多元、复杂、变化的社会身份和所处的不平等的社会权力关系经常会影响学习者对目的语的投资，只有协调好个体与社会大环境的关系，学习者才能更好地学习二语。社会认同理论、二语"投资"概念、话语权构成诺顿研究的理论框架。诺顿吸取了社会身份是多元的、斗争的场所而且经常变化的社会认同理论,借鉴了法国社会学家皮埃尔·布尔迪厄关于"文化资本"的理论,于1995年正式提出二语"投资"概念,认为语言学习是对理想认同建构的一种"投资",与学习者能支配的语言、社会文化和经济资本在二语学习和使用情境中的价值以及它们对"收益"的预期有关。

"投资"概念鲜明地体现了社会学取向,表明学习者和变化着的社会的关系。从"投资"角度看,学习者充满矛盾的愿望,他们的认同及与目的语的关系是复杂的、变化的、充满权力斗争的,在通过语言进行社会互动的过程中不断被重建,"投资"拓展了学习者的"动机"概念。"投资"概念表明二语学习者不仅投资于目的语的经济优势,也投资于更高的社会地位。有学者指出,诺顿的二语"投资"概念属于二语习得理论中的"社会文化模式"范畴,适应二语情境下的研究。

(三)第二语言习得与第二文化习得的关系

语言与文化的密切关系决定了第二语言习得与第二文化习得是同步进行的。与二语习得是建立一个独立于母语的新语言系统不同,"一般而言,第二文化习得是不断把新的知识融入一个业已存在的系统的过程"。

顾嘉祖、王斌华指出,二语习得与第二文化习得的相同之处体现在它们的习得过程中都包含了知识系统的"内化过程"(internalization),在习得结果上,二者各自"内化"的结果——语言能力和文化能力——足够抽象和概括,可满足习得者适用于各种新异场合的需要。二者的不同之处在于第二文化习得比二语习得难度更大,因为文化本身存在隐蔽内容,具有排他性,此外,第二文化习得的外部环境也会给文化习得带来困难。

对于二语习得与第二文化习得的关系,美国语言学家布朗提出的"文化关键期"假说是一个有力的说明。布朗认为,二语学习者的"文化移入"分为兴奋、冲击、恢复、移入四个阶段。二语习得者应寻找二语习得与第二文化习得的最佳关联期,使语言习得与文化习得做到同步,以提高语言能力与文化能力。此外,学习者在进行第二文化习得时将会遭遇不同文化带来的"认知冲突"。伯莱因指出,这种冲突起着建构作用,促使二语习得者在面对母语与目的语不同的文化、认知冲突时进行新的调整,以适应文化,习得语言。

第三节　汉语基本要素与语言教学问题研究

一、汉语的基本要素

语言教学的基本要素是指语言构成系统的各个部分及与其相关的基础知识。通常认为，语言包括语音、词汇、语法三大基本要素。此外，由于汉语的特殊性，汉字也常常被视为汉语的要素之一。语言要素是语言交际能力的重要组成部分，也是汉语作为第二语言教学的主要内容。结合言语技能和言语交际技能的训练，将语言知识转化为语言技能，是语言要素教学总的原则，也是第二语言教学最终的目标。

（一）语音

语音是语言的物质外壳。语音的学习是听、说、读、写等方面的学习以及培养语言交际能力的基本前提。任何一种语言的语音都是一套系统，不同语言之间的最大区别就在于语音系统的不同，所以学习一种语言首先就要掌握这种语言的语音系统。在现代汉语语音系统中，最基本的语音成分是音节、句调、停顿和逻辑重音。其中，句调、停顿和逻辑重音的教学要与语法教学相结合。因此，一般所讲的语音教学主要是针对音节教学来说的。

汉语能够感受到的最小的语音单位是音节。一个音节可以分析成声母和韵母，以及贯穿整个音节的声调。

1. 声母

声母是汉语音节中位于元音前的部分，大多为辅音。比如，在 hàn 这个音节中，辅音 h 就是它的声母。有时一个音节的元音前没有辅音，我们称之为零声母，如 ài 这个音节就是零声母。

为了使音节书写整齐，我们将 i 和 i 韵母前的零声母加写或改写为 y，u 行韵母前的零声母加写或改写为 w，如 yǔ、wǒ。

汉语拼音中共包括 21 个辅音声母：b、p、m、f、d、t、n、l、g、k、h、j、q、x、zh、ch、sh、r、z、c、s。我们可以根据发音部位和发音方法把它们分为七类。

2. 韵母

韵母是汉语音节中位于声母后的部分。汉语拼音里有38个韵母，主要由元音组成，有的是含有 n 或 ng 的鼻韵母。根据构成成分，我们把韵母分为单元音韵母、复元音韵母和带鼻音韵母。

单元音韵母（9个），指由单元音构成的韵母，也叫单韵母，包括舌面元音 a、o、e、i、u、ü，以及舌尖前元音 -i、舌尖后元音 -i 和儿韵母 er。

复元音韵母（13个），指由复元音构成的韵母，也叫复韵母。复韵母在发音过程中其舌位、唇形都会发生变化。根据韵腹的位置，可以将复韵母分为二合前响复韵母（4个）：ai、ei、ao、ou；二合后响复韵母（5个）：ia、ie、ua、uo、üe；三合中响复韵母（4个）：iao、iou、uai、uei。

带鼻音韵母（16个），指由元音和鼻韵尾构成的韵母，也叫鼻音尾韵母。其中，以 n 为韵尾的前鼻音韵母有（8个）：an、ian、uan、üan、ün、en、in；以 ng 为韵尾的后鼻音的母有（8个）：ang、iang、uang、eng、ing、ueng、ong、iong。

3. 声调

声调是指整个音节高低升降的变化。汉语的声调具有区别意义的作用。

世界上有声调的语言并不多，因而声调成为汉语教学的重点和难点。普通话有四种基本声调：阴、阳、上、去，教学中也称为第一声、第二声、第三声和第四声，可以用五度标记法将其调值分别标示为55、35、214、51。

除四个基本声调外，汉语普通话还包括一个半三声和一个轻声。半三声是第三声与第一声、第二声、第四声连读时的变调，调值为21，是一种较短的低平调。有研究认为，半三声的使用频率比较高，汉语普通话中很少说全三声。另外，半三声的学习难度也较全三声低一些，因此有的专家建议应当先教学半三声，再教学全三声，以免学习者在学习半三声时总是想着怎样从全三声变过来。

轻声是汉语语流中出现频率较高的一种特殊的语音现象。有些音节在特定的情况下会失去原来的声调而变成一种又轻又短的调子，这就叫轻声。轻声的调值依据前面音节的调型会有所变化。用五度标记法，可以将轻声在四种声调后的音高分别表示为2、3、4、1。

（二）词汇

词汇也叫语汇，是一种语言里所有（或特定范围）的词和固定短语的总和。词汇是词的集合体，二者是集体和个体的关系。词汇是语言的建筑材料，没有词汇就不能造句子。语言就是用一个个词语按照有关的语法规则组合起来而造出种种句子进行交际的。汉语的词汇包括基本词汇和一般词汇两类。基本词汇是指语言系统中那些反映人们最基本的日常生活所必需的事物、行为和形状等概念的词汇。基本词汇所反映的概念，在人类语言中是普遍存在的，因而是汉语词汇教学中易学的内容。基本词汇具有稳定、能产的特点，以基本词作为语素可以组成大量的词语。比如，据统计，以基本词"水"打头所构成的词，在《现代汉语词典》中就有160多个。具有较强的构词能力这一特点，使基本词成为汉语词汇教学的基础内容。基本词汇以外的词汇是一般词汇。人们在频繁的交际中，说明复杂的事物、表达细致的感情时都需要大量的一般词汇。一般词汇的数量多，教学中要注意选择，如在初中级的汉语教学中，就应该选取较为常用的一般词汇。词汇的选择主要依靠话题来调控，如在教材中选用常用话题就可以保证一般词汇的出现。

汉语的构词类型分为单纯词和合成词两类。单纯词是由一个语素构成的词，包括单音节单纯词（如"天""水""河"）和多音节单纯词，多音节单纯词包括大量的双声词（如"崎岖""蜘蛛"）和叠韵词（如"灿烂""蟑螂"）。合成词是由两个或两个以上的语素所构成的词，即"词根+词根"组合构成的复合词，这是汉语词汇的主体部分。另外，还有少量由"词根+词缀"组合所构成的派生词（如"桌子"）。长期以来，词汇教学一直是对外汉语教学的薄弱环节。究其原因，一是词汇本身是一个开放的系统，每个词语都有自己的个性，共性不那么强，不利于进行系统的教学；二是词汇教学需要一个一个教、一个一个学，只能逐步积累，逐步加深。这种情况要求我们尽量利用汉语词汇系统，找到一些具体的教学方法，以提高词汇教学的效果。

（三）语法

语法主要是指语言中组词造句的一整套规则，在成句的基础上，还有一整套连句成篇的规则。这两个层面的规则组合在一起，便成为语言系统的语法规则。

总体来说，对外汉语语法教学的基本内容，应当围绕培养外国学习者组词造句、连句成篇这个目标来进行。一般而言，汉语语法教学的基本内容，应当涵盖语素、词、短语、句子和语篇这五级语法单位。其中，词、短语和句子是语法教学最基本和最核心的内容。

语素是语言中最小的音义结合的构词单位。语素可以单独成词，也可以组合成词，如"山""水""画"三个词都是由一个语素组成的，而"山水画"这个词则是由三个语素组成的。

词是最小的能够独立运用的语言单位，也是语法教学的核心内容之一，是组词造句的基础。在词这一层面，主要的教学内容应当是词类问题，词类问题又包含词类划分、词性确定和兼类词的辨认三个方面。

短语是词与词组合而成的语法单位。短语在整个语法系统中实际处于中心的位置，因为它不仅可以自由地充当句子成分，大多数短语加上一定语调就可成为句子。例如，"一瓶可乐"这个短语在"我买一瓶可乐"这个句子中充当宾语，而在应答场景中出现时却又变成了一个独立的句子：

——买什么？

——一瓶可乐。

句子是语言中最基本的表述单位，一个句子表达的是一个相对完整的意思。对外汉语语法教学最直接的目的就是教会汉语学习者正确理解并说出汉语的句子。

总之，对句子的组成规则、句子与句子之间的关系以及句子与语篇的关系这三方面的研究和教学，组成了对外汉语语法教学最基本的内容。

（四）汉字

我们之所以把汉字作为汉语的基本要素之一，是基于汉字及其在教学中的一种特殊性的考虑。

1. 汉字的特殊性

汉字的特殊性首先体现为它是现代汉语的书写符号系统。文字是记录语言的符号体系，这是世界上所有不同语言的文字所具有的共性。世界上的文字可分为表音文字与表意文字两种，汉字属于表意文字。"表音文字的造字原则是直接表音，通过记音来表意，表意是间接的；汉字的造字原则是直接表意，兼顾直接表音（通过形声字的声符），记音有间接的，也有直接的（形声字）。因此，拼音文字可以见其形而知其音，汉字则可以见其形而知其义。"

由于造字原则的不同，汉字和拼音文字属于两种不同的文字体系。

汉字能够直接表意的原因在于，汉语的音节能够代表固定的完整的意思，能够用一个表意的汉字来记录一个音节；英语等其他语言的大多数音节不代表固定的完整的意思，所以不能用表意的文字来记录音节。因此，也可以说，正是汉语音节表意的特点造成了汉语书写符号系统——汉字的特殊性。

汉字与汉语的特殊关系也决定了其作为汉语第二语言特殊要素的必要性。拼音文字可以直接表音，因此对它的学习可以完全融合在语音和词汇等其他语言要素的学习中。但汉字大部分不能直接表音，因此对语音、词汇等语言要素的学习并不能代替对汉字的学习。汉字与汉语的这种特殊关系决定了汉字在汉语教学中的独立地位，应该把它作为一种特殊的语言要素来单独对待。尽管如此，在以往的汉语教学中，汉字教学却一直处于附属地位。无论是在课程设置还是在教材编写中，汉字都找不到独立的位置。这种状况已受到国内外专家的关注和重视。白乐桑指出，"从教学理论的角度看，尤其是在对外汉语教材编写原则这一最关键的问题上，笔者认为目前对外汉语教学面临着危机"，他还指出，"无论在语言学和教学理论方面，在教材的编写原则方面甚至在课程设置方面，不承认中国文字的特殊性以及不正确处理中国文字和语言所特有的关系，正是汉语教学危机的根源。"

2. 汉字在汉语教学中的特殊性

汉字用来作为汉语的书写形式并不是偶然的，而是由汉语本身的特点所决定的。首先，汉语的音节本身简单，数量有限，音节内不含复辅音，音节末尾不能出现 n、ng 以外的其他辅音，这些特点限制了汉语的音节数量。其次，与英语等拼音文字语言不同，汉语的词语音节简单，多为双音节，还存在大量的单音节词（如"方便"一词只包含了两个音节，而英语的 convenience 共包含了四个音节），音节越少其区别性就越差。这两点决定了汉语中会出现大量的同音词现象。比如，"报复"与"抱负""不详"与"不祥"等等，这些词的发音完全一样，通过汉字的书写可以得到区分。根据《汉语拼音词汇》统计，同音词有 5 500 多个，约占所收词汇（59 100 个）的 9.5%。这些同音词的区分，离开了汉字的帮助是难以想象的。所以说，汉语的准确表达离不开汉字，汉字这种表意文字系统的存在，可帮助汉语清晰地区分语音与词汇。正因为如此，学习汉语而不学习汉字是不可行的。

对于汉语学习者来说，必须处理好认字与识语的关系。认字为识语的前提，这一点完全不同于汉语母语者。母语者在学习汉字之前，就已经掌握了汉语的听说能力，这种学习方法可谓"语文分开"。但是，作为成年人的汉语学习者却不同，掌握汉语的书写系统是学习汉语的有力工具和基础。事实证明，在不学习汉字而直接学习汉语的这种学习模式下，学习者的听说水平在短期内虽然似乎有所提高，但无法进行更为深入和更高层次的学习。20世纪60年代，北京语言学院（现北京语言大学）在汉字教学问题上经过实验，两次否定了"先语后文"的教学方法。现在"语文一体"成了汉语教学的唯一模式。这种模式虽然有一些固有的缺陷，但基本符合成年人学习汉语的认知规律。

掌握汉字书写系统是汉语第二语言学习者保持和提高汉语水平的基本前提。一般来说，学习者从最开始的"不会说"到"会说"这一阶段的学习比较容易，但是从"会说"到"说得好"很难。因为高级口语是具有书面语色彩的口语化语言，同日常交流所使用的口语比较，应当更加讲究语言尤其是词汇和语法的规范化、标准化。而书面语的学习必先解决汉字的认读问题。另外，汉语有很多双音节合成词，这些词大多是由单音节语素组成的。如果学生掌握了常用的一些汉字，那么他就可以对这些合成词进行意义的拼合，这无疑有助于其汉语的学习。因此，要提高汉语水平，首先就要掌握汉字的书写系统。石定果认为："对于以汉语为第二语言的学习者而言，掌握汉字的程度直接关系到其汉语水平的高低。"赵金铭指出："我们必须认识到，汉字教学是汉语作为第二语言教学与其他语言教学的最大区别之一。只有突破汉字教学的瓶颈，创建具有特色的汉语作为第二语言教学法，才能全面提高综合运用汉语的能力。"

二、汉语各要素之间的相互关系

现代汉语各要素之间并非完全独立，而是密切联系、互相影响、互相制约的，从而构成了种种复杂的关系。

（一）语音与词汇、语法的关系

1. 语音与词汇的复杂关系

除了从意义的角度对词进行划分，有时语音也可以作为一种有效的辅助工具。赵元任从节律方面谈词的划分时认为，普通话重音和字调变化有时可以用来划分词，但是以可能的停顿作为标准更为普遍有用。

2.语音和语法具有互相制约的作用

语音格式可以帮助确定结构的语法意义。林森分别考察了现代汉语趋向补语、可能补语、程度补语和少量结果补语中轻音现象所反映的语法和语义问题，发现语音格式的不同对语法和语义有直接的影响。

（二）词汇与语法的关系

词汇和语法是不可分割的。语法是各个语言单位的结构规律，而词是基本的语言单位。可以说，词的组合就是语法。

词汇与语法都属于语言的意义系统，二者是不能截然分开的，共同构成了语言系统纵向与横向的关联。在这个语义网络系统中，词汇单位是结点，语法在本质上讲就是由结点和结点构筑起来的关联系统。在一个语法结构中，具有组合关系的词语之间应该具有相互匹配的特征，如词的句法能力特征、语义的概念特征、词语的韵律组配特征、词语的认知特征、语体特征等。一个句子是否在语法上合格，本质在于进入这个语法关系的词汇单位在各种特征上是否匹配、是否和谐。

词汇单位与语法单位在表达意义时，彼此之间是一种互动的、互为因果的关系。首先，语法关系是对词汇意义关系的一种抽象，词汇单位是语法关系赖以形成的基础和前提，没有词汇单位的存在，就不可能构成语法关系。其次，语法结构对词汇单位具有选择和制约的作用。"选择"是指语法框架形成后符合框架要求的词汇单位就会进入该框架，一般来说，不符合框架要求的单位就不能进入该框架。"制约"是指某些不符合框架要求的单位一旦进入该框架，就会获得本来不具有的语法意义。再次，词汇的选择对语法关系的突破推动着语言系统的发展变化。从语法框架的角度来说，语言中大量的语法框架，它们的结构、意义和功能三者之间的对应关系都处于经常的变动中，而其中语法意义的变化是最为重要的方面。导致这种变化的重要因素之一，就是进入该语法框架的词汇成分在不断变化着。而当词汇成分的变化累积到一定程度时，整个框架的语法意义就会相应地发生改变。如果词汇单位之间的相互选择关系越来越复杂，语言的结构系统也会变得越来越复杂，这样就不断推动着语言系统的发展变化。

（三）汉字与语音、词汇的关系

首先，汉字和语音存在着复杂的对应关系。据统计，《现代汉语词典》收录了约1.2万个汉字，但所收音节只有417个，加上四声的分别，总共也只有1 300多个音节。这1.2

万个汉字与1300多个音节之间显然难以一一对应，这就致使汉语中的同音字占了很大比例。例如，"qīng"这个音节，《现代汉语词典》中就收录了10个不同的汉字。另一方面，一个汉字也往往对应不同的音节，这就是多音字。例如，"散"这个汉字有两个发音：sàn（散步）、sǎn（松散）。还有一种情况是，两个汉字占据一个音节，即儿化音，如"门儿（ménr）"。

其次，汉字与词汇的对应关系也很复杂，主要有这样几种情形：一字一词、一字多词、多字一词。"一字一词"指的是一个汉字对应一个词语成分，如"笔""纸""人"；"一字多词"指的是一个汉字对应多个词汇成分，如"米（大米）—米（厘米）"，"迈（迈步）—迈（年迈）"；"多字一词"指的是几个汉字对应一个词语成分，如"短跑"这个词由两个汉字组成，"皆大欢喜"这个词由四个汉字组成。

汉语教学中有"字本位"与"词本位"的不同提法。汉语教学传统上采用的是"词本位"，其理论依据为词是能自由运用的最小音义结合体。但近年来，受徐通锵"字本位"理论的影响，有专家在汉语教学界提出了"字本位"的概念。在这种争论的背后，体现的是对汉语语法基本结构单位的不同认识，从而也影响到人们汉语教学的理念。

三、汉语作为第二语言教学的基本问题

1. 教什么

"教什么"指的是语言教学的内容。在汉语教学的过程中，我们要明确教学的内容，其中包含两个层次：一是确定教学范围，二是确定范围中的具体内容。对外汉语教学的范围包括汉语的各种基本要素，即语音、词汇、语法及汉字。明确了教学内容的范围，我们还要规定各个范围中的具体内容。例如，在词汇这个范围里，并非所有的词语都适宜不加区别地拿来进行教学，我们应该先选取常用词语作为教学的具体内容。又如，在语法这个范围里，也并非所有的语法点都是教学的重点，我们应该选取汉语特有的语法特征进行重点教学，而人类语言共有的东西，在教学的具体内容中可以省略，采用"零教学"的方式（如连动句）。我们要对教学内容有透彻的了解，对教学内容既要知其然，又要知其所以然，这样才能给学习者以有效的指导；也只有这样，才能把规律性的语言知识教给学习者，提高他们的学习效率。语言要素是教学的基本内容和基础，但我们还应明确，语言内容不是教学内容的全部。如果不包括语言技能、交际技

能和文化背景知识，那么教学内容也是不完整的。

2. 怎么学

"怎么学"研究的是汉语学习的内在规律，属于第二语言习得的领域，主要包括以下几方面的内容：对偏误和中介语的研究；对学习普遍规律的研究；对学习者外部因素（如社会因素）、内部因素（如影响学习者的心理因素）及个体差异（如自身的生理、情感、学习动机、认知特点和学习策略）的研究。

过去，人们总是把希望寄托在改革教学内容和教学方法上，研究的内容都侧重于"教什么"和"怎么教"，摸索出了一种又一种的教学理论和教学方法，形成了许许多多的语言教学法流派。从20世纪60年代末开始，越来越多的人认识到，了解学习者学习语言的心理过程，是改进教学方法、提高教学效果的前提。只有掌握了语言学习规律，语言教学的许多问题才能得到较好的解决。因此，20世纪70年代以来，以"学习者如何学"为主要研究对象的第二语言习得研究越来越受到重视。

第二语言习得研究在20世纪70年代的重点是分析第二语言学习者的言语错误，通过调查并比较成人在第二语言习得时产生的中介语，考察其与儿童把这种语言作为母语习得时的语言是否有相同之处。这些调查研究大都局限在"形态—句法"的范围内。随着研究的不断深入，同时由于对学习者交际能力的逐渐重视，话语层面的研究现在吸引了越来越多人的注意。第二语言习得研究试图从多侧面、多角度去描写、分析第二语言的学习过程，努力去发现影响学习过程的诸多因素。

3. 怎么教

"怎么教"有两种理解：狭义的理解仅指教学方法，如教学中使用的归纳法、演绎法、解释法、操练法等；广义的理解则是指教学的内在规律，所涉及的具体问题包括教学原则、教学方法、教学技巧及教学模式等。教学原则是教学工作和教学活动应当遵循的基本要求，它反映了语言规律、语言学习规律和语言教学规律，用以指导和规约总体设计、教材编写、课堂教学和语言测试等全部教学活动。对外汉语教学的总原则可以概括如下：以学生为中心；以交际能力的培养为核心；以"结构—功能—文化"相结合为框架。教学方法是在教学原则的指导下，在教材编写和课堂教学中进行知识传授和技能培训的具体方法，其中包括组织教学内容的方法（如按结构法还是按功能法组织教学内容），讲解语言点的方法（如采用演绎法还是归纳法），训练听、说、读、写等言语技能和言语交际技能的方法（如采用什么样的练习方式），等等。我们常说"教学有法而无定法"，"有法"是说教学方法的确定和选择不是随意的，应该有其科学根据和理论依据，具体的教学方法体现教学原则，离不开教学原则的指导。根据教学对象、教学内容等条件的差异，教学方法又是灵活多变的，因而又是"无定法"的。以语法教学为例，有些语法点的讲解适合采用归纳法，有些语法点的讲解适合采用演绎法。无论采用演绎法还是归纳法，都要看是什么样的语法点，不应先认定语法知识的教学只能用归纳法，然后根据这样的思路编写教材。

教学技巧指任课教师在课堂上进行教学的方式方法。教学技巧受到教学原则、教学方法等的制约，但更加灵活，能够充分体现教师个人的教学艺术和教学风格。教学技巧贯穿于整个课堂教学的组织中，如如何引入新的语言点，如何设计板书，如何使用教具，如何启发学习者思考，如何调节课堂气氛，如何控制教学节奏，等等。

近年来，很多研究者开始从追求最佳教学法转向对教学模式的探索，即针对不同的学习对象、不同的学习环境、不同的学习阶段、不同的教学内容等而有不同的教学方法。这种探索对汉语作为第二语言教学来说是十分有益的。

第四节 汉语要素教学的基本点与基本意识

一、汉语要素教学的四个基本点

（一）把握汉语作为第二语言的特殊性

汉语作为第二语言的特殊性，是指汉语相对于其他语言的特点来说具有其他语言所没有的语言范畴，或是与其他语言具有差异性的语言范畴。王力指出："一切语法上的规律，对于本国人，至多只是习而不察的，并不是尚待学习的。……我们的书虽不是为外国人而著，却不妨像教外国人似的，详谈本国的语法规律。譬如有某一点，本国人觉得平平无奇的，而外国人读了，觉得是很特别的，那么，正是极值得叙述的地方。甲族语所有而乙族语所无的语法事实，正是甲族语的大特征。"充分认识汉语各要素的特殊性，是做好对外汉语教学的基础。因为汉语要素的特殊之处，也正是汉语作为第二语言教学和学习的重点与难点所在。

1. 语音的特殊性

从语音方面来看，汉语最大的特点在于汉语是有声调语言。世界上的语言可以分为无声调语言和有声调语言。无声调语言中，语调是句子结构的组成部分，而不是词的组成部分，这种语言中的词以不同调型读出来时不会造成意义的改变。而有声调语言中的声调则是词的一部分，具有区别意义的作用。汉语是有声调语言，对母语为无声调语言的学习者来说，声调的学习就尤为困难。虽然有的学生能够较好地听辨并说出单音节的声调，但是一旦将两个单音节相拼，就完全辨不出声调了。对于母语是有声调语言的学习者来说，声调的学习也不是一件容易的事，因为不同语言的声调也有所不同，母语中声调的负迁移也会给有这种母语背景的学习者带来不少困难。

2. 词汇的特殊性

现代汉语词汇最显著的特性是不分词连写，这一点与拼音文字不同。拼音文字是将每个词分开书写，这样词与词之间的界限是清楚的。而现代汉语中词与词之间的界限不清楚，这就于阅读的过程中增加了学习者在心理上对句子进行词语分解的步骤。对于汉语学习者来说，词语连写所带来的不只是阅读时间上的延长，更重要的是，由于他们的心理词典尚不够大或还未建立，所以哪几个汉字组成一个词就是他们难以跨越的一道门槛。我们都有这样的外语学习经验：经过一段时间的学习后，在阅读中即使遇到一个不认识的人名，也可以轻松地做出判断；而对汉语学习者来说，同样的情况就没有那么容易了。例如，对于"王云天来到医院"这个句子，学习者就很难判断"王""王云""王云天"三种组合究竟哪一个才真正是人的名字。在初中级班的阅读练习课上，经常遇到学习者用词典查找"云天""天来""到医"这样的组合。可见，现代汉语词语连写这一特点的确给汉语学习者的辨词、认词造成了很大的障碍。

语素和词的交叠也是现代汉语词汇的一大特点。同一个语素在有的地方是独立的词，在有的地方却只能与其他语素一起构成一个词，这给学习者的用词造成了很大困难。例如，学习者造出"一年四季，我最喜欢春天这个季节"这样的句子，错误就是把"季节"中的非成词语素"季"当作词用了。其实，这样的问题是可以避免的。某些字作为一个词独立使用的情况不常见，而作为语素的情况很常见，那么在我们的教材或课堂教学的生词讲解中，就要避免它单独成词情况的出现。

3. 语法的特殊性

对汉语学习者来说，汉语语法的特殊性集中体现于这样几个方面：

首先，汉语是一种主题突出的语言。在汉语中，只要适合作为陈述对象的成分，都可以占据句首主语的位置，甚至一个动词性成分也可以如此，如"住在这儿买东西不太方便"中的"住在这儿"。由于这种特性，汉语中常常出现含多层主题的句子，即主谓谓语句，如上例中的"住在这儿"和"买东西"就是两层主题。汉语学习者不习惯使用这样的句子，常常会出现"北京有很多人""他家有很大的房子"这种不地道的句子。

其次，语序对语义的表达有重要的制约作用。汉语语法关系的表现，一般不依靠像印欧语言那样的形态标志手段，也不依靠像日语韩语中那样的格助词，而是在很大程度上依靠语序的变化。因此，相同的词语以不同的排列顺序出现，就会表现出不同的语法关系和语义关系。例如，"我学习很努力"和"我要努力学习"这两个句子中，形容词"努力"分别作为谓语和状语出现，这就使两个句子具有了不同的意义。前者是对过去某种状况的描写，后者则表达对未来某种状况的企盼。

再次，汉语有丰富的量词。汉语有一整套系统的量词，不同的名词搭配不同的量词表达不同的意思，而很多语言中没有量词，如英语 one student，数词和名词直接搭配，但汉语通常要说成"一个学生"。汉语量词与名词的搭配是有规律可循的，我们应该引导汉语学习者善于寻找量词使用的规律，还要提示学习者注意近似量词的使用差异，如"条"用于扁平长条状可弯曲的物品（如"一条毛巾"），而"根"则用于长条柱状不可弯曲的物品（如"一根骨头"），或极细长如线状的物品（如"一根头发"）。

最后，某些句法语义结构是汉语中有而汉语学习者母语中所没有的，也是汉语学习者学习难度较大的项目，这些也应该算作汉语语法的特殊性所在。根据邓守信的总结，这种语义结构包括处置式（如"妈妈把爸爸训了一顿"）、补语（如"看得见""穿不下""说不过去"）、重叠（如"走走""高高的""轻松轻松""干干净净"）等。

4. 汉字的特殊性

对汉语学习者来说，汉字绝对是具有特殊性的书写系统。汉字与拼音文字有本质的区别，这种区别具体体现在两个方面：一是形式上的区别，拼音文字是由字母组成的线性一维图形，而汉字是由笔画组成的方块字，是一种二维图形；二是文字性质上的区别，拼音文字是直接记音的表音文字，而汉字则具有形体表意的特征，是以表意为主的文字。现代汉字还有如下两个特点：

第一，就汉字的字义而言，尽管汉字有较强的表意功能，但由于汉语和汉字的历史演变，现代汉字在直观显示形音义的准确度上已经大打折扣，大都很难直接以象形表意来识记。例如，形声字中，有的形旁兼有多义，如形旁"月"有时表示"时间"，如"期""朗"，有时则表示"肉"，如"胳膊""肝胆"；有的形旁的意义已经难以理解，如"须""颗"中形旁"页"的原义（头），不仅外国学习者不明白，不具备文字学专业素养的中国人也难以理解。在这样的情况下，形旁基本上已经变成了一种记号，形义脱节，难以对汉字的意义起到提示作用。

第二，就汉字的字音而言，虽然现代汉字的形声字占了80%，但汉字并不能通过拼读直接获得准确读音，也没有专用的记音符号。不同的音符可以记同一音节，如"漠""沫""磨"都使用同一音节mo，但声符各不相同；同一音符可以记不同的音节，如用声旁"勺"表音的"约""的""酌""钓""芍"，读音各不相同，因而也就减弱了表音的作用。

（二）重视汉语要素的认知规律

1. 语音感知与教学

我们都有这样的经验：当听到一种陌生的语言时，会感到茫然，不知如何将这一串语流切分开来；相反，如果听到用母语说出的一句话，即便所有的词语都是陌生的，我们仍能在不知意义的情况下，将语流切分成基本单位。这是因为我们对陌生语言的语音系统没有感觉，而对自己的母语已经建立了感知能力。汉语语音的学习过程，首先就是要建立对汉语语音要素及其结构系统的感知、辨识和把握的能力。语音感知包括对汉语区别意义的语音特征的把握。例如，由于母语的影响，作为初学者的印度尼西亚学习者很难理解b、d、g与p、t、k这两类辅音对意义的不同作用，而一旦语音感知能力建立以后，就可以明确地区分两类辅音对意义的影响。汉语的韵律特征尤其体现为汉语的语音感。静态的单音节的学习只是学习的第一步，进入话语之后，单音节的字音要有变化，这就是动态的汉语发音。汉语学习者要想习得地道的汉语，必须掌握汉语语流及韵律结构模式。

2. 词汇感知与教学

汉语词汇系统非常复杂,词与非词之间的界限不明确,具体来说就是词和语素、词和短语界限不清。因此,汉语词汇学习首先必须建立汉语语素、词和短语的分界意识,即要建立正确的汉语词感。例如,"关门"与"关心"虽然结构一样,但前者是短语,后者是词语。在词汇单位分界意识建立的过程中,汉语书面语不分词连写会给学习者带来很大的困扰,词汇感知能力建立的标准之一就是看能否克服汉语词语连写所带来的困扰。词汇感知还包括对词与词的类聚关系和组合关系的准确把握,即语素构成词、词组成短语、词和短语构成句子的语言知识和能力的获得。

3. 语法感知与教学

我们应该首先明确,非母语者的汉语语法学习不同于母语者的汉语语法学习,重要的不是汉语语法理论知识的掌握,而是语法感知能力的建立。语法感知包括三种层次的内容:对组词成语、组语成句、组句成篇的内在规律性的掌握,如一组句子用什么样的语义和形式手段组合成一个语篇;对相关语法成分之间相互联系性与区别性的把握,如同一形容词处于状语位置和补语位置时意义上的差别(如"高兴地说"和"说得很高兴");对结构形式与语义之间各种匹配关系的把握,如"主体在外力的影响下发生位移"这样的意义与"把"字句这种结构形式的匹配等。

4. 汉字感知与教学

汉字感知能力的第一层次是对汉字字形与字音、字义结合和关联的能力,第二层次是对汉字部件进行拆分与组合的能力。汉字文化圈和非汉字文化圈两类学习者具有不同的汉字字感。汉字文化圈的学习者在日常生活和文化教育过程中或多或少地使用一些汉字,因而具有良好的汉字字感。对于这样的学习者,我们在教学中应该注意的是,他们所接触或使用的汉字与中国现代汉字之间存有差别,而这种差别会干扰其汉字的学习。而非汉字文化圈的学习者所使用的拼音文字与汉字在认知方式上具有本质上的不同,因此他们需要建立全新的字感:习惯笔画和部首的二维组合方式,习惯方块汉字与意义的直接联系。

（三）进行汉外语言对比

1. 汉外语言对比是成人第二语言学习的必由之路

与儿童第一语言习得者不同，作为成年人的汉语第二语言学习者已经获得了较多的知识与较高的技能，尤其是已经建立了母语形式与意义的心理网络，因此在学习中难免会把母语的语言成分、语言规则与汉语进行对比。这种对比可以出现在语音、词汇、语法各个要素层面。事实上，对比也是一种客观存在，外国人初学汉语会本能地通过其母语或媒介语的中介来进行思维和心译。这种对比可以产生正迁移，也可能因为简单比附而产生负迁移。作为对外汉语教学工作者，我们应该正确引导汉语学习者进行对比，帮助其避免因错误的比附而导致的负迁移。

2. 汉外语言要素之间存在广阔的对比空间

汉外语音系统的对比，可以给我们指出语音偏误的来源，寻找不同母语学习者学习汉语语音的特殊性和主要难点，对教学有很大的指导作用；词汇领域的汉外对比，可以使我们充分地、多方面地认识汉语和其他语言词汇系统及个别词语的特点，帮助我们部分地预判汉语学习者学习汉语词语可能出现的偏误；在语法领域，这种对比进行得更为多样和成熟，涉及的项目有词类对比、语序对比、句子成分和句式对比、虚词对比等，这些对比同样可以帮助我们确立语法教学的项目及具体的教学方法。

3. 汉外对比具有很大的参考价值

通过汉外语言对比，我们可以找到汉语作为第二语言教学的难点与重点，这对我们的教学设计有很大的参考价值。例如，邓守信总结了六类语法的对比情况：母语和目标语一致的结构、母语有但目标语没有的结构、目标语有但母语没有的结构、母语与目标语都有此语义结构、母语有此语义结构而目标语没有、目标语有此语义结构而母语没有，并根据六个界定困难的假设，确定六种情况的学习难度。根据这样的对比结果，我们可以更容易地对语法教学进行设计。例如，对于一、二级难度的结构，可以采用"零教学"。汉外对比在国别化的语言教学中更有优势，因为学习者母语相同，这种汉外对比的结果就更有针对性。通过汉外对比，我们可以确定哪些内容要采用"零教学"，哪些内容是教学的重点和难点，从而避免教学的盲目性。

（四）了解汉语第二语言的习得规律

1. 汉语第二语言的习得过程中既有共性又有差异

同样的学习内容在不同的学习者（不同母语、不同年龄、不同学习环境）之间可能会存在同样的习得顺序和习得规律，同时会有一定的差异。另外，母语背景虽然对习得顺序不构成显著影响，却对习得阶段和习得速度构成影响，这些都证明汉语第二语言习得规律既存在共性，又存在个性。

2. 充分认识和掌握学习者的习得规律和特征

对于汉语教师来说，除了要对汉语的各种要素本身的规律有所了解，还应该充分认识和掌握学习者的习得规律和特征。汉语教师应该从以下三个方面对汉语要素的习得规律进行把握：第一，学习者语音、词汇、语法、汉字的习得过程；第二，不同母语背景对学习者的汉语语音、词汇、语法、汉字习得过程的影响；第三，学习者个人因素（年龄、学习动机、个性、认知特点、学习方法）对汉语语音、词汇、语法、汉字习得过程的影响。第一个方面探讨的是汉语各要素习得规律的共性特点，第二、第三两个方面探讨的是汉语要素习得规律的差异性特点。

3. 汉语第二语言习得规律有助于教学研究

汉语第二语言习得规律可以为我们的教学研究提供帮助。习得规律中的共性研究可以对大纲设计、教材编写、课程设置、课堂教学等起到积极作用，如不同语法项目的共同习得顺序可以为教材中语法项目的选择、排序等提供参考；而习得规律中的差异性研究更可以为课堂教学提供指导作用，如针对不同母语的学习者，相同语法项目的讲解可以采用不同的方式，对易错点的强调也要有所变化。总之，汉语第二语言习得规律的研究，应当成为对外汉语教学设计的一个重要理论支撑。

二、汉语要素教学的三个基本意识

（一）"教什么"是汉语要素教学的核心问题

1. 汉语要素教学是对外汉语教学的基本任务

对外汉语教学无论其具体的教学对象有何不同、教学阶段有何差异、教学模式有何变化、教学目的有何特殊之处，其教学的基本目标和任务都是为了让外国人在有限的时间内尽可能快地掌握汉语作为第二语言的交际能力。而学习任何一种语言，都要以对这个语言的语音系统、词汇系统、语法系统乃至文字系统的感知、识别进而掌握和运用为标志。因此，对汉语要素的教学也就成为对外汉语教学的基本任务。

汉字之于汉语的特殊性，使其成为对外汉语教学无法回避或忽略的一个关键因素。汉字不仅与语音、词汇甚至语法等诸多问题密切关联，对广大汉语第二语言学习者来说，更有其感知、辨识和掌握上的种种特殊性。汉字字量庞大、书写繁难、同音同形同义字繁多，不像其他拼音文字的几十个字母那样简单、易学。汉字教学在整个对外汉语教学系统中占有特殊重要的地位，也自然成为对外汉语教学的重要组成部分。

由此可见，汉语基本要素的教学（也就是所谓"教什么"的问题），应该是整个对外汉语教学最基本的、长期的任务，不解决好"教什么"的问题，就不可能搞好整个对外汉语教学。

2."教什么"是"怎么学"和"怎么教"的基础

对外汉语教学无论怎样变化，始终都离不开"教什么""怎么学"和"怎么教"这三个基本问题。尽管人们对这三个基本问题之间关系的认识还不尽相同，但我们坚持认为，"教什么"的问题依然是三个基本问题当中最核心的问题。因为只有了解了"教什么"，才能科学地观察"怎么学"，然后才能调整或重新设计出"怎么教"的方案来。从这个角度说，"教什么"是"怎么学"和"怎么教"的基础。

所谓"教什么"，是指对所教内容（即语言要素）内在特点和规律的把握。具体来说，对外汉语教学就是要把作为第二语言的汉语的基本要素（语音、词汇、语法和汉字）的内在特点及其系统规律掌握清楚，不然会造成"以其昏昏，使人昭昭"的局面。从这个角度说，一个专业的对外汉语教师，必须系统地掌握汉语作为第二语言的基本要素的内在特点和规律，必须熟练掌握汉语语音、词汇、语法和汉字的基本知识、基本理论及其教学的基本技能。只有在对"教的是什么"的问题搞清楚、弄明白的基础上，才能谈得上去讨论、解决"怎么学"和"怎么教"的问题。

在如何对待对外汉语教学"三个基本问题"的态度上，我们还应当防止以下两种认识偏差：第一，既然是以学习者为中心，就要以学习者"怎么学"为中心；第二，既然是对外汉语教学，当然就要以"怎么教"为中心。学习"怎么学"的规律固然重要，但这只是教学设计中一方面的参考因素；"怎么教"的问题固然是对外汉语教学的落脚点所在，但它不能是空中楼阁，而要建立在"教什么"和"怎么学"的系统考虑基础之上。

"教什么""怎么学"和"怎么教"中的任何一个问题,都不是对外汉语教学设计立足点的全部。一个科学的对外汉语教学的整体设计方案,必然是在对"教什么""怎么学"和"怎么教"这三个基本问题整体规划和系统考虑的基础上设计出来的,过分强调其中的任何一个方面,都会失之偏颇。另外,由于"怎么教"的问题不是一个单纯的理念或方法、技巧问题,它关涉"教什么"和"怎么学"这两个基本问题,必须以这两个基本问题的科学回答为前提。因此,"怎么教"的问题就成为更高层次上的系统设计问题。目前,在"教什么"和"怎么学"这两个问题尚没有很好解决的情况下,"怎么教"的问题也不可能有太好的解决方案。

(二)把握好汉语要素系统性的特点

1. 正确把握汉语各要素内部系统性的特点

任何一种语言,都是一个由多个层次和多个分支系统所构成的大系统语言。这些系统既彼此独立又相互支撑地运行着。对外汉语教师应当很好地把握汉语各要素内部的系统性,只有这样,才能在进行汉语的语音、词汇、语法和汉字教学时,做到既胸有全局、大局,又重点突出层次分明。汉字的系统性是我们必须充分认识的一个重要问题。汉字作为目前世界上仍在使用的仅有的一种表意文字,在世界语言的文字体系中是十分独特的,因而它在汉语第二语言教学中占有非常重要的地位。汉字字量之大、部件和结构之繁难、形音义关系之错综,尤其是其与汉语言的关系、其在计量统计上的种种集合对教学的制约,都是对外汉语教师必须面对的重要课题,处理不好汉字问题,也就难以处理好对外汉语教学总体设计的问题。

2. 正确把握各语言要素之间的相互制约关系

对外汉语教学是一个整体,除了要把握好语言各要素内部的系统性,还要在更高层次上把握语言各要素之间彼此相互影响、相互制约的关系。一个理想的对外汉语教学系统,应该是对汉语各基本要素进行集成优化的系统。因此,对外汉语教师对汉语各要素之间相互制约的系统性要有深入的了解和清晰的把握。汉语的音节和汉字之间、音节和词汇之间都有明显的配置关系,汉语的语法和词汇之间也有一定的选择关系。这种相互的配置和选择关系,在基础汉语教学阶段或是某种特定的教学模式中,需要对外汉语教师进行有针对性的教学设计。例如,汉语中哪些音节是常用的?哪些音节的构词能力强?哪个音节的汉字难写?哪个音节的汉字简单?哪些音节所构成的汉字多？哪些音节所构成的汉字少？这些都是对外汉语教师必须仔细考虑的音节与汉字、词汇之间的系统性关系。再从词汇和语法的关系来说，词汇和语法之间有着一种非常普遍的相互关系：某些结构或者句型只适合于这一小类的词语而不适合于那小类的词语；某些结构或者句型只要替换其中的某个成分的词语小类，该结构或句型的意义就会发生变化，形成不同的语义结构。这在汉语语法系统中是一种十分普遍的现象。我们常说，要教给学习者最典型的例句，而这"最典型的例句"的含义之一就是语法结构与词汇项目的理想配置。对外汉语教师必须有语音、词汇、语法和汉字之间相互匹配、相互选择的系统观念和意识，只有具备了这样的观念和意识，我们在编写教学大纲、进行教学设计和教材编写或是处理课堂教学问题时才会有更加明确的方向。

（三）把握好汉语要素教学的针对性

1. 充分考虑学习者不同母语背景的差异

对外汉语教师所要面对的一个挑战是，所教授的对象是把汉语作为第二语言的成年学习者。而他们所具有的本质特点是，作为成年人，他们已经熟练地掌握了自己的母语，因而在学习汉语的过程中必然要受其母语系统的影响。由于他们各自的母语系统与汉语系统并不相同，因而他们对汉语要素系统特征的感知也就不同，学习的难点和重点也不相同。这就给对外汉语教学提出了各种各样的有针对性的要求。从汉语第二语言教学的角度说，汉语的语音、语法和汉字都具有明显的系统性的特征，需要对外汉语教师进行有针对性的教学设计。相较而言，汉语词汇的系统性特征则不是那么明显。对外汉语教师无论是在进行整体的教学设计时还是面对具体的局部问题或是个体的教学对象时，都应当充分考虑汉语和学习者母语之间在语言类型系统方面的关系，从而进行有针对性的教学。

2. 充分考虑学习者的不同需求

就对外汉语教学的针对性来说，充分考虑汉语和学习者母语背景之间的差异所带来的问题只是一个方面，而更为实际的应当是针对学习者的不同需求而产生的操作层面的有针对性的问题，即对外汉语教师必须针对学习者不同的需求而对汉语的基本要素有所选择、有所设计，这也是一种教学针对性。有了这种针对性，对外汉语教学就是有选择性和有目标性的，也会是更有效率的。任何一个汉语学习者的学习过程都要受制于他所采用的不同教学模式，由这种教学模式的不同而提出的对汉语要素教学内容的选择性也是一个非常现实的问题。那些参与汉语短期速成强化训练的学习者所要求的汉语教学内容，必然是大量的、快速的、集成性的；而那些在网络环境下自学汉语的学习者所要求的汉语教学内容，则可能是少量的、循序渐进性的。教学模式的不同，使得非常重要的指标即教学内容（汉语要素）的选择性和针对性也不同。对此，对外汉语教师要有明确的认识。

第四章 文化与外语教学的关系

培养学习者对异域文化的认知能力与跨文化交际能力，避免外语应用过程中可能出现的文化冲突已经成为外语教学的重要目标之一。在外语教育界，人们普遍认为，衡量现代外语人才的重要标准是看他们是否具有文化认知能力和跨文化交际能力。由于跨文化交际学的引入，外语教学已经进入了一个新的时代，即跨文化交际的时代。如今的跨文化交际英语教学是一种崭新的教学理念和教学模式。它是区别传统英语教学，体现英语教与学真实目的的实用教学模式，英语教学界已把是否将跨文化交际纳入英语教学内容作为区别传统英语教学和现代英语教学的主要标志。

第一节 文化教学的概念

外语教学从最开始就伴随着文化教学，文化一直都是其教学内容的一部分，只是人们没有意识到而已。当然在外语教学中有意识地进行文化教学已经有很长的历史了，由于各个国家的教育体制和语言环境不尽相同，其外语教学呈现出不同的特点，其文化教学的理念和方式也各不相同，但是文化教学在外语教学中的发展轨迹大体相同，反映了广泛的国际交流与合作对教育所产生的影响。

一、从注重阅读能力到注重交际能力培养

100多年来，外语教学中的文化教学经历了从注重阅读能力的培养，到注重交际能力的培养，再到现在关注跨文化交际能力培养3个主要阶段；形成了两种教学方法：文化知识传授法和文化过程教学法；出现了4种教学模式：外国文化模式、跨文化模式、多文化模式和超文化模式。无论美国、欧洲，还是中国，文化在外语教学中的作用和地位变化基本上都经历了上面3个阶段。这一发展历程证明外语教学的历史就是其不断改革、适应外部环境和满足社会发展需要的历史。跨文化交际能力的概念在跨文化

交际学和外语教学之间搭起了一座桥梁，将这两个学科紧密地联系起来。

外语教学最初是为了满足少数精英人士阅读和翻译外国文学作品，因此文学作品在当时，甚至随后很长一段时间，都是外语教学的主要材料。由于文学作品，蕴含丰富的文化内容，是反映文化现实的最佳途径，所以最初文化进入外语教学是通过文学作品，学习者在阅读文学作品的过程中，了解到一些关于目的文化的信息。随着外语教学的逐渐普及和听说法的推广，人们学习外国语言的动机和目的不再局限于文学作品的阅读和翻译，人们认识到学习和了解目的语国家的相关文化背景十分重要，因此外语教学课程中开始设置英美概况等课程，这些单独开设的文化课程成为文化教学的主要渠道。到20世纪80年代，交际法外语教学的兴起使文化教学的内容扩展到目的文化的日常生活、学习和工作的各种情景所包含的文化习俗和规范。然而，无论是通过文学作品、背景介绍，还是外语交际练习，文化教学都是以辅助外语语言教学为目的，处于附属地位。而且，这样的文化教学没有明确的目标和系统，在教学大纲、教材编写、教学设计和测试中没有得到理论工作者和外语教师应有的认可。

令人欣慰的是，经济全球化给不同国籍、不同语言、不同文化的人们以相互交流的机会，跨文化交际变得日益频繁。20世纪90年代，外语教学界对文化教学地位的认同感得到加强。在欧美各国，文化教学的目标和要求在全国性的外语教学大纲中都已得到明确的体现。

近年来，我国教育部颁布的《高等学校英语专业教学大纲》和《大学英语课程教学要求》都将培养学生语言综合应用能力和跨文化交际能力作为重要培养目标。但是在大纲的主体，即教学要求、教学内容、课程设置、测试评价等方面都没有针对跨文化交际项目进行描述。因此，在外语教学中进行文化素养和综合素质培养的目标显得有些空洞，这需要各个学校制定具体的跨文化外语教学大纲和教师严格执行教学大纲方能保证上述目标得以实现。

二、文化教学方法

文化教学所经历的3个阶段同时也反映了两种主要的文化教学方法：任务教学法和过程教学法。

文化任务教学法就是针对文化知识的传授方法。教师采用这种方法传授一个国家或语言群体的文化事实，即文学艺术、历史地理、宗教政治、道德法规、价值观念、风俗习惯等。教师一方面介绍有趣的文化背景知识刺激学生学习外语的积极性；另一方面通过文化专题讲授，使学生掌握目标语典型的文化知识。然而这种文化教学法有其致命的缺陷：它将语言与文化分割开来，使文化内容显得零碎、缺乏系统。因此，这种方法受到很多欧美学者的批评。

文化过程教学法以文化学中的文化定义为基础，将文化看作是一个社会构造系统，是"一个不断发展的变体，而不是一个静止不动的实体"，文化教学过程就是一个包括文化知识、技能和态度等的建构过程。文化过程教学法强调文化的系统性、文化与语言的关联性，并承认文化是语言教学的有机组成部分。文化过程教学法的优势和特点非常明显，但是由于它将文化学和跨文化交际学的思想和方法引入外语教学，使本来已经相当复杂的外语教学研究领域更加庞杂起来。

三、欧洲外语教学的发展历程

瑞萨格尔分析了欧洲外语教学的发展历程，归纳出4种适合不同社会发展需要，但又能同时并存的外语和文化教学模式：一是外国文化模式；二是跨文化模式；三是多文化模式；四是超文化模式。

外国文化模式的基本内容是以一种文化、一个民族、一门语言和一个具体的地域为基础，简单地说就是以目的语言及其相关的文化为教学内容，不涉及目的文化与本族文化和其他文化的关系，也不注重文化内部各个亚文化之间的差异，是一种单一文化的教学。语言教学以 native speakers 的语言水平为目标。这种外语和文化教学观念长期主宰着外语教学界，虽然从20世纪80年代起，在美国和欧洲一些地区新的观念开始取代外国文化模式，但是在中国和其他很多地区外国文化模式还相当盛行。

跨文化模式是基于这样一种观点，即不同文化之间有着必然联系。它除了继续强调目的文化的教学之外，将目的文化与本族文化的关系纳入教学内容，主张进行文化比较，来消除文化中心主义思想，培养文化相对论的思想。目的语言和文化是教学的重点，只是教学目标不再要求学习者成为 native speakers，而是在两种文化之间搭起一座桥梁，用目的语言与 native speakers 进行交流往来。这一外语和文化教学思想从20世纪80年代开始逐渐流行。美国、英国等国都在教学大纲中明确了外语教学要增强学习者对目的文化和本族文化的理解的要求。

多文化模式强调文化多元化的现象，同一社会和国家存在多种不同的文化群体，尤其是在人口流动频繁的今天，多元文化和多种语言并存几乎是每个社会和国家的普遍现象，因此外语教学必须适应这一形势，不仅要帮助学习者了解目的文化和本族文化，而且也要使他们认识到目的文化和本族文化中亚文化（如少数民族的文化）的存在和特点，以及世界其他主要文化群体的存在和特点。外语学习的目的仍然是培养学习者跨文化交际的能力，不同的是 native speakers 不再是外语学习的目标，多文化外语教学在文化多元现象突出的美国和欧洲已经得到重视。

外语教学究竟应该以哪种文化为目标进行教学一直是一个令人困扰的问题。世界人口的流动，大众传播的发展，经济全球化的推进使得各种文化之间广泛接触，相互渗透，语言和文化现象变得极为复杂。面对复杂的文化和语言选择问题，超文化模式以个人生活和跨文化交际的需要为出发点，提出采用第三种语言（即中介语）和第三种文化身份的语言和文化教学模式。这一思想受到很多外语教学和跨文化交际专家的积极响应，成为目前文化教学中最新潮的模式。

瑞萨格尔的分析着重从文化教学的角度概括了外语教学的历史和现状，揭示了外语教学顺应社会发展需要所经历的变迁，虽然没有介绍这些方法的优势和不足，也没有具体阐明它们如何应用于课堂教学实践，却对我们继续深入探讨文化教学具有很大的启发。

文化作为外语教学的有机组成部分已经被各国的外语教学工作者普遍接受，由于社会环境和历史背景不同，文化教学研究和实践各具特色。

第二节　文化教学在美国

20世纪60年代，美国经济较为繁荣，人们热衷于出国旅游和学习，美国政府不断地向世界各地大规模地派遣和平军。这些出国人员需要跨文化交际能力，他们迫切需要接受目的语言和文化的培训。为了满足当时的社会需求，很多培训机构为出国人员开设了跨文化培训课程，从而促成了跨文化交际学的诞生。与此同时美国外语教学界也开始关注语言文化教学。1960年美国东北外语教学会议将语言文化教学确定为当年会议的主题，会后将题为《语言学习中的文化》的会议报告以书的形式出版发行。1972 年和 1988 年又举行了第二次和第三次东北外语教学会议，会议的主题依然是研究和探讨语言文化教学，尤其在第三次会议上着重研讨了如何在课堂上将语言和文化进行兼并教学的问题，会议宣读的论文大都集中反映了当时的外语教学中文化教学的研究成果。

一、语言教学研究机构 CARLA

美国教育部有一个下属的语言教学研究机构 CARLA（语言习得高级研究中心），该研究机构为语言教学中的文化教学研究和推广做出了巨大贡献。CARLA 于 20 世纪 90 年代举办了多次全国性的主题为"以文化为核心进行语言课程改革"的研讨会，并承担了多项跨文化教学的研究项目。其文化教学的研究成果与实践经验，为当时和以后的文化教学研究和实践指明了方向。CARLA 的研究成果推动了美国的外语教学改革，因此美国教育部根据新的教育形式和要求，修改了外语教学的全国标准，即全美外语教学大纲，重新制定了外语教学目标，确定了文化教学在外语教学中的重要地位。

二、美国新的外语教学大纲

美国新的外语教学大纲作为一种国家文件具有很强的指导性和影响力，推动了文化教学的研究和实践，促进了文化教学的普及和深化。该大纲的教学目标由 "Communication, Cultures, Connections, Comparisons, Communities" 五项组成，其中两项与文化教学有直接关系，另外三项也与文化教学密切相关。而且大纲还规定了文化教学的标准：

1.Students demonstrate an understanding of the relationship between the practices and perspectives of the cultures studied.

2.Students demonstrate an understanding of the relationship between the products and perspectives of the cultures studied.

在这个文化教学标准中，perspectives, practices 和 products 是中心词。perspectives 指的是所学文化的意义、态度、价值观念等；practices 是指文化成员在社会中的交往模式；products 则是指衣食住行、音乐美术、法律条文等。文化教学的根本目的就在于理解目的文化的价值观念和意义系统与其成员所表现出来的言行和社会现实之间的关系。这套标准成为随后美国外语教学改革的核心内容。

在这套全国外语教学标准的指导下，美国各州相继修改了自己的教学大纲，纷纷在教学实践中贯彻这一改革精神。一股"跨文化交际研究与跨文化外语教学"的热潮在全美蔓延，并迅速扩展到其他西方国家，翻开了语言文化教学新的一页。此时，外语教学中的文化教学和跨文化交际培训在美国已成为文化教学的两大阵地，两个领域相互沟通，有机结合，相得益彰，大大推动了美国外语教学中的文化教学。这种将语言和文化教学相结合的形式不仅大大提高了学生学习外语的积极性，而且使学生可以通过跨文化交际与理解，领悟到世界是多元的，文化是不同的，人们的文化背景差异是很大的。通过跨文化外语教学和跨文化交际培训，学习者逐渐克服了单一狭隘文化观念的束缚，逐步修正了原来对世界的片面认识，从而慢慢形成对他国文化较为客观的认识。

第三节　文化教学在欧洲

一、独有的历史和社会背景

欧洲各国的语言文化教学的发展具有自己独有的历史和社会背景，与美国的情形不尽相同。第二次世界大战以后，欧洲各国的外语教学主要采用美国的听说法，在各学校的外语教学中，语言知识的讲授和语言技能的训练被作为教学重点，文化教学则被当作一门独立课程开设。文化以独立的知识形式在课堂讲授，语言教学和文化教学没有融为一体，文化教学独立存在于语言教学之外，而不是与语言教学同时进行。然而，20世纪70年代从西欧兴起的语言"交际法"把语言和文化教学推向了一个新的阶段。

20世纪70至90年代欧盟进行了四次增员，因此提高外语交际能力，加强成员国之间的相互了解和合作，成为欧洲各国教育部门、外语教学研究者和教师关注的问题。交际法外语教学的应运而生在很大程度上迎合了这种需要。但是就培养跨文化交际能力而言，交际法外语教学还存在很多不足，特别是对语言和文化在外语教学中有机结合的广度和深度研究不够。

二、语言教学改革和文化教学研究

从 20 世纪 80 年代开始,欧洲进行了一系列大规模的语言教学改革和文化教学研究。许多欧洲国家开始改变采用"语言加文化"的传统方式来处理语言文化教学。有的国家明确地将社会文化的内容通过其他科目加进语言课程,各国开始重视在外语教学中与外语本身紧密相关的社会文化因素。1988 年欧盟出版了两本关于文化教学的论文集。论文的内容涉及文化教学的模式、文化学习的方式、课堂文化教学实践、跨文化交际能力培养。1989 年至 1996 年,欧盟实施了一项旨在提高外语学习者的社会文化能力和跨文化交际能力的现代语言计划,即"欧洲公民的语言学习计划"。英国学者拜仁和法国学者扎雷特是这个语言计划的负责人。他们带领欧洲各国语言专家对外语教学中的社会文化因素进行了广泛深入的研究,对各种语言文化教学方法进行了实践,取得很多有价值的文化教学成果,保证了"欧洲公民语言学习计划"的圆满完成。他们在 20 世纪 80 年代撰写的关于文化教学的经典著作确立了他们在外语教学界的学术地位,为文化教学得到应有的重视做出了卓越的贡献。

由于受到欧盟这一大型研究项目的影响,欧洲各国纷纷主办文化教学研讨会、讲习班和实验课,从而极大地增强了教师的文化教学意识,促进了文化教学思想理论的推广和应用。研讨会情况介绍:1995 年在英国 Durham 大学举行了两次研讨会,主题分别为 Intercultural Dimensions of Foreign Language Teaching and Learning 和 Drama, Cultural Awareness and Foreign Language Teaching。这两次研讨会后出版了论文集 Language Learning in Intercultural Perspective: Approaches Through Drama and Ethnography。该论文集从学习者、教师和研究者等多个视角探讨了文化教学和文化研究的问题。讲习班情况介绍:英国的 Michael Byram 主讲了 The Intercultural Dimension in Language Learning for European Citizenship,西班牙的 Ana Altai 等主讲了 Can a cultural syllabus be integrated in the general language syllabus,意大利的 Daniela Sorani 等主讲了 Satellite TV: a flexible learning environment to promote cultural awareness。芬兰、奥地利、瑞士和挪威也举办了相应的讲习班。实验课情况介绍:英国 Durham 大学教育学院与法国教学研究院进行了一个合作研究项目:"Cultural Studies/'Civilisation' for Advanced Language Learners"。该项目采取实验课程的形式,旨在改革现行文化教学,创建一套系统的文化教学的理论和方法。该实验课程确定了

明确的文化教学原则、教学内容和教学目标。教学原则为：循序渐进原则和授之以渔原则，即帮助学生学会独立学习。教学内容为：围绕法国文化的5个侧面展开教学演示家庭、教育、工作、地域特点和政治。教学目标为：使学习者能够设身处地地理解法国人，对做一名法国人有一定的感受；掌握法国文化的一些关键的知识；利用人种学文化研究方法的某些技巧来接触、观察和了解外国文化，并培养较强的好奇心、开放的态度和独立研究和学习的能力；增进对自己本族文化的理解，将本族文化置于具体时间、具体地点，相对客观地去看待和分析，而不是将其作为规范；认识到语言与文化之间的密切关系，对具体的语言和非语言交际行为有所了解，并能恰当地使用这些知识；对法国人及其他语言的人们抱积极、肯定和感兴趣的态度。参加实验课程项目的外语教师设计了一系列新颖的教学方法以实现以上教学目标，这一实验课程的结果在欧洲具有极高的文化教学参考价值。

欧洲很早就开始了文化教学，但是真正把文化教学与外语教学相结合只是过去30年的事。凭借良好的合作条件，欧洲各国的文化教学研究发展迅速，而且理论研究与教学实践紧密联系，因此欧洲的文化教学取得了巨大的成功。

第四节　文化教学在中国

综观国外文化教学的发展，人们不难发现外语教育中的文化教学常常受社会政治文化因素的影响，必须适应社会发展的需求。

一、20世纪80年代

20世纪80年代的文化教学状况不尽如人意。一些外语教师只是凭自己的兴趣和偏好附带地给学生介绍一些外国文化知识，开展一些与文化有关的课堂活动，但这些教学活动并非真正意义上的文化教学。一是当时没有专门的文化教学大纲和配套的教材，二是缺乏科学的文化教学理论与方法。

二、20世纪90年代

到了20世纪90年代，我国外语教学界引进了国外跨文化交际学说，并尝试了各种新的外语教学法理论。在很短的时间内我国的语言学家、应用语言学家、对外汉语教学专家和外语教师在文化教学问题上达成了共识。这个共识就是：文化教学是外语教学中不可缺少的组成部分。我国学者和外语教师在文化教学研究和实践方面做了不少的工作。邓炎昌、刘润清、顾嘉祖、王福祥、吴汉樱、胡文仲、高一虹、陈申、王振亚等知名学者都先后著书立说，对语言和文化，语言教学和文化教学进行研讨。另外，无数外语教师，在教学第一线对文化教学理论进行实践，对文化教学方法进行探索。

半个多世纪以来，教育部制订和颁布了大、中、小学英语教学大纲30多种，这些全国性的外语教学指导文件，促进了中国外语教学整体水平的不断提高，同时体现了中国外语教学的发展历程，是中国外语教学逐渐走向成熟的有力见证。然而，就文化教学而言，所有教学大纲都存在缺陷。例如，我国教育部最新制定的《高等学校英语专业教学大纲》和《大学英语课程教学要求》在论述教学目的时，都强调了学习外国文化、培养文化素养和综合素质的重要性。但是，两份大纲都是围绕语言教学制定的，没有对文化教学目标、教学要求、教学内容、课程设置、教学方法和教学测试做出明确规定，即没有针对跨文化交际项目进行描述。因此，在外语教学中进行文化素养和综合素质培养只是一句空话，最多只能依靠教师自己的理解和经验，偶尔在有限的范围内向学生介绍一些零星的文化知识，组织简单的课堂活动，这类文化教学活动大都过于简单，远非真正意义上的文化教学。其后果是学生文化技能和跨文化交际能力都远远低于他们的语言能力。

三、到目前为止争论的焦点

到目前为止，关于语言和相关文化是否可以分割的辩论，关于要不要在外语教学中导入文化教学的争议都已成为历史。但是，对于如何在外语教学中实施文化教学这个问题的探讨方兴未艾。新观念、新方法、新建议层出不穷，众说纷纭，百家争鸣。争论的焦点始终是四个关键性的问题：其一，外语教学中的"文化"究竟是指什么？其二，如何构建一套较为完整的理论框架来指导语言文化教学实践？其三，采用什么样的教学手段使外语和相关文化有机融合，以使外语学习者既习得语言又习得文化？其四，建立什么样的跨文化外语教学模式最适合中国国情？

第五章　中国传统文化影响下的对外汉语教学原则、特点及测试评估

第一节　对外汉语教学的总体设计

一、什么是对外汉语教学的总体设计

总体设计是对外汉语教学的四大环节中首先要遇到的问题。它是教材编写、课堂教学以及测试评估等各项教学活动的依据，是协调其他各个环节，使它们成为统一的、科学的整体的重要步骤。确切地说，对外汉语教学的总体设计是"根据语言规律、语言学习规律和语言教学规律，在全面分析第二语言教学的各种主客观条件、综合考虑各种可能的教学措施的基础上选择最佳的教学方案，对教学对象、教学目标、教学内容、教学途径、教学原则以及教师的分工和教师的要求等做出明确的规定，以便指导教材编写（或选择）、课堂教学和成绩测试使各个教学环节成为一个互相衔接的统一的整体，使全体教学人员根据不同的分工在教学上进行协调行动。"这是将对外汉语教学看作一项系统理论工程，并在应用中予以实践。

语言教学是一个非常复杂的系统工程，其中包含了许多教学环节和复杂的矛盾。首先表现在一种教学原则在某种情况下适用，而在另一种情况下就不一定适用。其次，各种教学类型具有不同的教学特点，比如短期教学和长期教学、学历教学和非学历教学、基础教学和专业教学，它们各自具有带有自身特点的教学方案。怎样更好地协调各个环节、解决这些矛盾，就要根据具体情况综合分析各种不同的特点，找到符合语言学习规律和语言教学规律、符合教学要求的客观条件的最佳方案，并使之贯彻到教学的各个环节中去。

总体设计不仅能够帮助我们找到最佳的教学方案，还能帮助我们协调各个教学环

节，使整个教学过程和全部教学活动成为一个统一的整体。可以说总体设计是从宏观上对教学全过程和全部教学活动的控制和把握。只有好的总体设计，才能有一个统一的测试评估标准。所以我们首先要进行总体设计，并把这一环节作为其他环节的前提和依据。只有这样才能从宏观上理顺教学内部各种因素和各个环节之间的关系。

二、对外汉语教学总体设计的方法和程序

对外汉语教学的总体设计主要由教学类型、教学对象、教学目标、教学原则、教学途径以及教师分工和对教师的要求等几个部分构成。对外汉语教学总体设计，一般要按照下列程序和方法进行。

（一）明确教学类型

不同的教学类型适应不同的教学对象，决定不同的教学目标、教学内容、教学原则和教学方法。我们可以根据教育性质、教学任务、教学时限和教学组织形式等把教学分成多种类型。目前主要的教学类型是按照教学期限和学习目的分的，可分为本科专业、长期班（4年、2年、1年等）和短期班（半年、2个月、6周、4周等）；非学历教育的预备教育（解决进入专业学习的汉语水平问题）、特殊目的教育（学习旅游汉语、经贸汉语、中医汉语等）。不同类型的教学适应不同的教学对象，它们之间在教学目的、内容、方法方面有很大不同。总体设计首先要明确属于哪一种教学类型，然后根据这种教学类型确定相应的教学目标、教学内容、教学原则和教学方法。其中要特别注重基础阶段，特别是初、中级阶段的对外汉语教学。因为这一阶段学习者人数最多，也是研究成果最多、最集中的阶段，从一定意义上看，最能体现第二语言教学特点和规律。

（二）分析教学对象

分析教学对象是使教学具有针对性。教学对象的特征主要从自然特征、学习目的、学习起点和学习时限四个方面来分析。

1. 自然特征

自然特征包括学习者的国别、年龄、文化程度、第一语言及文化背景，等等。这些自然特征对确定教学内容和教学原则有决定性的作用。自然特征关系到教学原则的确定、教学内容和教学方法的选择。从年龄方面来看，孩子与成年人的第二语言学习

在内容和方法上都应该有所不同；对于文化程度高低不同的人，也应该采取不同的教学对策；国别不同、第一语言文化与目的语文化之间的关系不同，教学原则和方法也是不同的，例如教韩国、日本学生的中文和教欧美学生的中文就很不相同。

2. 学习目的

学习目的大体上可以分为受教育目的、职业工具目的、职业目的、学术目的和临时目的等五种。不同的学习目的决定了第二语言教学目标和内容的不同，对外汉语教学应当在了解学生的基础上，根据其学习目的来确定教学目标和内容，并制定相适应的教学方案。

3. 学习起点（水平）

学习起点一般是根据学习者的目的语水平而定。可以是零起点，也可以把已有的目的语水平作为起点。不同学习起点的学生，对学习汉语的认识、兴趣、接受能力和理解水平都有差异。对外汉语教学的各个阶段要充分考虑学生的实际汉语水平来安排教学活动。

4. 学习时限

学习时限依据学校的教学制度而定，包括本科（4年）或进修（1年、2年）的学习期限、总课时、周课时等。也有依照学习者的特殊要求而定，如短期进修、短期强化。学习时限也对教学目标和教学内容起限定作用。反过来说，教学目标和内容的确定除了要与学习目的、学习要求保持一致以外，也要考虑到学习时间的限定性因素。

（三）确定教学目的和目标

1. 教学目的

教学活动是为了实现教育目的服务的，从根本上看，教学目的就是培养全面发展的人才。由于教学活动主要是从事科学文化知识和技能的传授和学习，因此不同的教学类型又存在着具体的教学目的。

对外汉语教学的教学目的应归纳为：掌握汉语基础知识和运用汉语进行听、说、读、写基本技能，培养运用汉语进行交际的能力；提高学习汉语的学习兴趣和方法、培养学习汉语自学能力；学习和了解中国文化、历史和中国社会。

2. 教学目标

对外汉语教学要培养学生具备什么样的知识结构和能力结构，具备什么样的语言能力和语言交际能力，能够使用目的语从事什么样的工作，这就是教学目标。

教学目标包括使用目的语的范围和目的语水平的等级两个方面。

第一，使用目的语范围。主要是指在什么领域和范围内使用目的语。有的是把目的语作为职业的条件，而有的是把目的语作为职业工具。例如学习者学习目的语是因为都要在工作中运用目的语，但是他们职业各不相同：一部分学生是公司经理或者职员，他们学习目的是从事经济贸易活动；而一些学生可能从事旅游服务工作，他们的学习目的是做导游工作。目的语对于他们来说是一种职业工具，职业不同，教学内容也会有所差异的。所以，国家汉办最近几年开始启动了包括旅游 HSK、文秘 HSK、经贸 HSK 专项考试的研发工作。

第二，目的语水平等级。目的语水平具有等级差异，主要是有初级、中级、高级的差别。教学目标包括培养学生达到目的语水平的哪一个等级。

目前对外汉语教学大都考虑划分初、中、高三个等级。初级的要求是，掌握日常生活用语和比较容易的社交用语，学会最基本的语法项目，有一定的语用知识。中级的要求是，在日常生活和社会生活中能比较自由地进行口语表达，能看懂报纸新闻，担任初级翻译；具有自学能力；基本上掌握各个语法项目和一般的语用规则。高级的要求是，语言基本过关。具体是指，基本上能听懂一般的新闻广播，能够比较自由地进行口头表达，比较顺利地阅读内容不超过阅读者知识范围的书刊，能担任中级翻译；能自由进行口头表达。除了掌握语法和语用规则外，还具有一定的修辞知识。

（四）确定教学内容的范围

对外汉语教学的教学内容范围不仅仅指汉语的语音、词汇和语法各语言要素，因为第二语言教学的基本目的是培养学生运用目的语的语言能力和语言交际能力，要确定教学内容的范围，必须首先了解语言能力和语言交际能力的构成因素和形成过程。一般认为，人的语言能力和语言交际能力至少是由语言要素、语用规则、相关的文化背景知识、言语技能和言语交际技能五个方面的因素构成的，因而对外汉语教学应该从上述五个方面确定教学内容的范围，为制定各项教学内容的大纲提供依据。

（五）确定教学原则

汉语作为第二语言的教学原则，不是凭空确定的，而是需要理论与实践相结合。教学原则是由一定的教学理论所决定的，而教学理论又是在语言学理论、心理学理论、语言学习理论、教育学理论、跨文化交际理论、哲学理论等理论的基础上，结合对汉语教学自身的规律进行研究而形成的理论体系。

总体设计主要规定教材编写、课堂教学和成绩测试中必须共同遵守的原则。目的是使整个教学过程和全部教学活动保持一致。总体设计的教学原则主要包括以下几个方面。

1. 处理好言语要素、言语技能和语言交际技能之间的关系

不同的教学法在处理语言要素、言语技能和言语交际能力三者关系时，侧重点并不一样。这涉及怎样进行言语技能的训练、怎样进行交际技能训练、怎样处理言语要素和语言知识的关系以及怎样处理言语要素和相关文化知识的关系，等等。如：

第一，结构语言学的"听说法"，它是以语法结构作为大纲来编排教学顺序，以语言要素为中心来组织语言材料。

第二，"听说法"的改进，是以语法结构为纲编排教学顺序，以言语技能训练为中心组织语言材料。

第三，"功能法"的教学路子，是以功能项目为纲编排教学顺序，以言语交际技能训练为中心组织语言材料。

第四，"结构—功能"相结合法，是以语法结构为纲编排教学顺序，以功能项目和言语交际技能训练为中心组织语言材料。

不论是语法—翻译法还是直接法、听说法，都是以语言结构特别是形式结构为纲；而功能法则独树一帜，强调语言教学要以功能为纲。

2. 选择好言语技能训练方式

主要包括综合训练、专项训练、综合训练和专项训练相结合的方式等几种。

3. 选择好言语交际技能训练的方式

目前对外汉语教学中，关于言语交际技能训练的方式主要有如下几种：

第一，以结构为纲，兼顾功能。

第二，以功能为纲，兼顾结构。

第三，以话题为中心，注重结构和功能的结合。

第四，以情境为中心，注重结构和功能的结合。

第五，纯功能的方式。

结构和功能相结合，是近年来我国学者们根据自己的经验总结出来的一条教学原则，其中语言结构是基础。国内外几十年的汉语教学经验证明，通过早期系统的语言要素的学习掌握语言的基础，是第二语言学习者较迅速地获得语言交际能力的关键。反之，初级阶段忽视结构教学或完全打乱结构教学的系统性，会给汉语学习带来极其不利的影响。当然，功能是语言教学的目的。学习语言结构是为了交际，因而语言要素是为功能服务的，语言要素的教学必须与功能教学紧密结合。要重视功能的教学，既要考虑到语言要素的系统性，也要注意功能的系统性。

4. 处理好语言要素之间的关系

语言要素是指语音、语法、词汇三要素，对外汉语教学中还包括汉字。对不同语言要素的教学，可以在不同的阶段有所侧重，甚至采取语音教学阶段、语法教学阶段等分阶段教学的做法。但语言诸要素只有组成句子或话语时，才能较好地发挥交际工具的作用，所以目前的做法大多数是以句子和话语这两级语言单位为重点，进行语音、语法、词汇综合教学。句子是语言交际中表达完整意思的最基本的运用单位，是语音、语法、词汇的综合体，长期的教学实践也证明通过句型能较好地掌握语言的组装规则。因此从第二语言教学的角度考虑，句子仍应是教学的重点。随着话语语言学的兴起，人们对言语活动的研究更加深入，逐步认识到第二语言教学中除了传统的句子的操练外，还需要加强话语的训练。话语教学是一个新的研究领域，无论在我国还是在国外都还处于探索的阶段，尚未有重大的突破。

5. 处理好语言和文字的关系

这方面的重点问题是解决教不教汉字、先语后文还是语文并进以及繁简汉字的教学等问题。另外，在汉字教学中还要重视语素教学，这有两方面的意义：一是有助于准确理解复合词的词义并有利于加快扩充词汇量，二是有助于记忆汉字。

6. 处理好目的语和媒介语的关系

这方面主要的问题是：要不要用媒介语进行解释，要不要进行两种语言的对比和对译，在什么情况下用媒介语解释，在什么情况下进行两种语言的对比和对译。这条原则涉及目的语的教学与母语或媒介语的关系。以联结主义心理学为基础的直接法强调在第二语言教学中目的语与客观事物直接联系，无论是言语的理解或表达，都应避免依赖母语的翻译过程，实践证明这是正确的。但母语的存在是一个不可避免的事实，母语对目的语的迁移作用也是一个无法回避的事实。问题在于如何发挥母语的积极作用而消除其不利的影响。利用母语或媒介语，主要是指在教材的编写和教师的备课活动中进行语言对比分析，以确定教学重点；同时也是指在十分必要的情况下，教师在课堂上可以少量地用母语或媒介语进行难点讲解。但课堂上教师对母语或媒介语的使用必须很好地控制，基本原则是能不用就不用。大量地用母语来讲解语法，通过母语来学习汉语或中国文化，绝不是语言教学理想的做法，难以培养运用汉语进行思维和交际的能力。在课堂里应该尽量让学生尽可能多接触汉语，"沉浸"在汉语的氛围或环境中。

7. 处理好语言要素和相关文化知识的关系

对外汉语教学还要考虑文化知识的教学与语言要素的教学以及言语技能和言语交际技能训练的结合问题。文化教学要为语言教学服务。文化教学是语言教学不可或缺的一部分，语义和语用的教学，作为语言交际能力一部分的社会语言学能力、话语能力和策略能力的培养，都离不开文化教学。但是文化教学要紧密结合语言教学，以语言教学为目的。高级阶段文化因素教学尤其是介绍目的语国家的文化背景知识的分量应该加大。

8. 处理好语言和文学的关系

这方面主要是处理好文学作品在语言教学中的地位，特别是要处理好在高级阶段的阅读课教学中，文学作品的内容在教学中所占的比例问题。

9. 充分利用现代化教学技术和手段

现代化的教学技术手段是第二语言教学的重要组成部分。目前，汉语教学的主要资源仍只局限于教科书，主要的教学手段是教师的讲和练；与主教材相配套的录音、录像、电脑、多媒体辅助教材很少。这种情况不利于汉语教学水平的提高。以汉字教学为例，通过多媒体或动画来帮助学习汉字的部件和笔顺，能取得其他手段所无法达到的效果。目前对外汉语教学非常需要研究如何从汉语的特点出发，充分利用现代化教学技术手段来提高教学效率的问题。

（六）规定教学途径

教学途径是将教学目标、教学内容和教学原则贯彻到教学过程中去。教学途径包括教学阶段、课程设计以及周课时和总课时三项内容。

1. 教学阶段

划分教学阶段是为了突出不同阶段教学的特点和重点。目前主要采用把要到达的目的语水平等级作为划分教学阶段的依据，这种根据教学目标划分教学阶段的原则叫作"教学目标原则"。教学中区分出的目的语的水平等级一般为初级、中级和高级。还可以根据"教学目标原则"在每个大的教学阶段再划分出若干个小的阶段，划分小的教学阶段要解决的主要问题是如何对教学目标进行再分解和细化。

2. 课程设计

课程设计是总体设计的核心内容，也是联结总体设计和教材编写、课堂教学的中心环节。它是针对特定的教学类型和具体的教学对象、参考课程类型来制定课程设置计划。科学的课程设计应该是：所规定的课程能够使学生具备合理的知识结构和能力结构；能使全部教学内容合理地分布到有关的课程和课型中去，能够较好地体现既定的教学原则。课程设计在具体的教学单位要考虑各种主客观条件，例如教学规模、教学条件等，要根据既定的教学对象所具备的知识结构和能力结构来决定开设何种课程和课型。总之，要根据各个教学单位特定的教学类型来进行课程设计。

3. 课时安排

总课时和周课时的安排要考虑到与教学目标和教学内容相一致，要适合学习者的特点。

（七）明确教师分工和对教师的要求

在第二语言教学中，教师有一定的分工，需要重视担任不同课型教学工作的教师之间的互相配合。具体就是：教师应该全面了解总体设计的内容和安排，掌握教学总体情况，明确自己在整个教学过程和全部教学活动中所承担的工作性质、特点，以及自己应该发挥的作用，明确自己所承担的教学工作和其他教学任务之间的关系，并配合协调好相关的教学工作。

第二节 对外汉语教学的教材评估和选用原则

一、对外汉语教材的评估原则

对外汉语教材都有各自的特点，同时也具备一些共性。教材的评估原则和编写原则基本是一致的，这些基本原则是对各类教材都普遍适用和应当遵循的。这些原则可以概括为：实用性、知识性、科学性和趣味性。

（一）实用性

与普通的语言学教材不同，第二语言教材主要用于培养语言能力。语言知识要通过教学转化为技能，最终培养学习者的语言能力。因此，教材的实用性十分重要，也只有实用的教材才能更好地激发学习者的学习积极性。教材的实用性包括教学内容的实用性、语言材料的真实性和教学方法的实用性。

教学内容的实用性是指教材中教学内容的选择和确定要从学习者的需要出发，是学习者生活、工作或学习中常用的，在交际中所必需的，在生活中能马上用得上的，是学习者最急需掌握的。语言材料要尽可能选择现实生活中真实的语料，尽量避免使用无实际意义、无使用价值或者只是为了讲解语法点而需要的"教科书语言"。教学方法的实用性是指教材在提供必要的理论知识的同时，更要提供大量的练习。练习是获得技能和能力的主要途径之一，是教材中重要部分，练习设计和编写要尽量做到生动有趣，在形式和层次上要多样化。

（二）知识性

所谓知识性是指教学内容中要包括一定量的新知识。除了在量上要有所保证以外，在质的方面还需要考虑新知识必须是学生感兴趣的。使学习者在学习语言的同时获得各种有用的知识和信息，这也是激发学生学习热情、增加学习积极性的一个重要方面。因此，在教材的内容方面要注重吸收社会政治、科技常识、文化风俗、历史地理等各个方面的相关知识内容。

（三）科学性

1. 要教授规范、通用的汉语汉字

教材的科学性主要体现在语言的规范、知识的介绍和解释的科学性、内容组织符合教学规律并反映学科理论研究的新水平等几个方面。教学的内容要尽可能参照已经公布的对外汉语教学等级标准和大纲。《中华人民共和国国家通用语言文字法》明确规定"对外汉语教学应当教授普通话和规范汉字"，普通话即现代汉民族共同语，规范汉字即我国正式公布的简化字，另外，通用的给汉字注音的拼音方案是《汉语拼音方案》。就是说对外汉语教学应该利用"汉语拼音方案"，使用规范的简化汉字，教授普通话。

2. 教学内容的组织要符合语言教学规律

教学内容的编排顺序要由易而难，由浅入深，循序渐进，要适合大多数学习者的接受程度；题材内容要从日常生活用语开始并逐渐涉及社会生活交际的各个方面，进而逐步扩大到政治、经济和文化等方面。新词语和语法点分布要均匀、合理，适当分散难点，要特别注意重点词汇和句型的重现率，以有效地帮助学习者不断地循环复习，科学地记忆。

另外，对语言现象（语音、词汇、语法、语义、语用等）的解释要注意准确性和规范性，避免造成误导。教材内容要反映新的成熟的学科理论研究水平，及时更换陈旧过时的内容。当然，在吸收新的研究成果时，也要注意采取谨慎的态度。

（四）趣味性

具有趣味性的教材才能吸引学习者，使之产生学习的兴趣和动力，使语言学习的过程变得更加轻松愉快，以更好地提高学习效率。教材的趣味性主要体现在教材内容的生动有趣和形式的活泼多样。教材内容的趣味性与教材的实用性、交际性密切相关。尤其在初级阶段，要紧密结合学习者的日常生活需要，课上学习的内容课后马上能够运用，就自然产生学习的兴趣和动力。随着学习水平的提高，教材内容需要逐步扩大，要加入文化内容，特别是中高级语言教材要反映现实生活，选择学习者所关注的话题或者含有丰富的文化内涵的话题，这对学习者就会有吸引力，就会引起他们的浓厚兴趣。除了题材的多样化以外，体裁、语言风格和练习形式的多样化也是兴趣性的重要体现。此外，教材的排版设计、字体大小、插图画面等也是影响教材趣味性所不可忽视的因素。

二、对外汉语教材的选用原则

选用教材的原则是以评估教材的原则为基础的。从实际运用的角度出发，选用教材的原则在评估原则的基础上还要增加交际性原则、针对性原则和系统性原则。

（一）交际性

交际性是指教学内容的选择、语言材料的组织要充分考虑到有利于学生语言交际能力的培养。具体而言，要选择有交际价值的教学内容。教材要有利于教学过程交际化，便于交际活动的开展。语言材料必须来源于生活，来源于现实。从初级阶段就应该选用一些适用于交际的真实材料。要提供尽可能接近生活的便于交际的语言情景；另外，语言材料要体现生活的真实性，使学习者课下能很快地将教材中学到的内容直接或比较顺利地运用到现实生活之中。

（二）针对性

选用教材时要明确该教材适用于何种教学类型、课程类型和教学对象。教材必须有明确的针对性，要适合使用对象的特点。过去由于教材的种类比较少，存在着不同类型和不同需求的学习者都使用同样教材（特别是比较优秀的通用教材）的现象，这势必会影响到学习效果。实际上学习者的情况千差万别，教材要尽可能地适合学习者的特点。最基本的要求是，要根据不同母语、母语文化背景与目的语文化对比所确定的教学重点不同选用不同的教材。此外，还要考虑到学习者的年龄、民族、文化程度特点，考虑学习者学习目的不同，考虑学习者学习起点不同和学习时限不同。当然针对性并不是绝对的，只能针对主要的大的方面，逐步分别编写各类教材，并不断完善，给学习者更多的选择。在重视针对性的同时也不能忽视通用教材的作用。

（三）系统性

教材的系统性涉及很多方面。首先是指教材内容在基本知识介绍和技能训练方面，即语音、词汇、语法、汉字等语言要素和听、说、读、写言语技能的安排方面，要平衡协调。初、中、高级不同阶段教材要衔接；综合技能课与听、说、读、写专项技能课教材要配合。要充分考虑多媒体、图片、幻灯、声像等辅助手段，从而形成系列的、立体的教材体系。因此，教材的选用要考虑到横向和纵向的关系，要考虑该教材在整个教材体系中所处的位置和作用。如果说教材的针对性是具体的方面，那么系统性就是宏观上的考虑。

第三节　对外汉语课堂教学的特点和要求

一、课堂教学的特点

课堂教学是对外汉语教学的基本形式，它是指教师根据教学大纲规定的目的、任务和教材，运用恰当的教学方法，在规定的时间内对固定班级的学生进行某门课程教学的形式。

在第二语言教学中，课堂是帮助学生学习和掌握目的语的主要场所。这是因为第二语言学习主要通过课堂进行有组织的教学活动和展示有计划的教学内容。教学过程的感知、理解、巩固、运用阶段主要在课堂教学中完成。实施教学计划，贯彻教学原则，运用教学方法，完成课程教学并实现教学目标，主要都是依靠课堂教学。语言教学的根本目的是培养学生的语言能力和语言交际能力。因此，通过课堂教学这一基本形式来实现培养学生运用语言进行交际的能力是课堂教学的根本目的。

总体设计和教材编写必须考虑到课堂教学的特点和需要，并接受课堂教学的检验；成绩测试要从课堂教学的实际出发，并给课堂教学以反馈，所以说，在教学活动的四大环节中，课堂教学是中心环节。也就是说课堂教学是所有教学活动的中心，其他环节都要以课堂教学的需要为出发点，适应和满足课堂教学的要求。总体设计的制定、教学内容和方法的安排、教材的编写和选择等都要考虑到在课堂上是否可行，是否能够满足教学的需要，成绩测试的内容和方法要考虑到是否有利于改进课堂教学，测试的结果也要考虑到是否能促进和推动教学。

一般课堂教学要完成传授知识和培养能力两项任务。第二语言教学是以培养学习者的交际能力为目的，所以课堂教学除了体现一般课堂教学规律外，还有自身的特点。

（一）"以学生为中心"的课堂教学的原则

第二语言教学虽然也要教授语言知识，但与一般以理论知识传授为主的教学不同，它更强调把知识转化为技能，以培养技能和能力为最终目的，而技能和能力更需要靠学习者进行大量练习和实践才能获得。传统的教学法遵循的是"我教你学,我讲你记,我问你答"这种模式,学生总是处于被动的学习状态。这种没有变化的教学法很容易把语言教学搞得枯燥无味,很难调动学生学习的积极性,以致课堂上出现这种尴尬的局面:教师在讲台上滔滔不绝,学生瞪着两眼茫茫然,或者不停地翻词典,甚至打瞌睡。所以现代的第二语言课堂教学更多地提倡以学生为主体,充分发挥学生的主动性、积极性和创造性。近年来,"以学为中心""以学生为中心"是大家的共识,但并不是说,学生想学什么就是什么,想怎么学就怎么学,而是应该从学习者和学习过程的角度出发来考虑教学,教学对象是主动的,能改变教学的重点和内容。教师应该掌握学习和习得的规律,搞清楚学习主体以及环境等其他多种因素对学习过程的影响,然后以此为依据,再根据学习者的学习要求和目的更好地设计和组织教学,建立所谓的"最佳教学模式"。运用趣味教学法,将课堂讲练游戏化,让学生成为主角,教师大部分时间只充当导演,这样更能激发学生的表达欲望和创造性,收到很好的效果。当然,要真正做到"以学生为中心"并非容易的事情,需要对外汉语教师在理论和实践上的共同探索和努力。

(二)活跃的课堂教学的方式和气氛

第二语言教学更注重以学习者的活动为主,不是教师一人的"满堂灌",而是进行多种形式和方法的语言操练和交际实践活动。特别强调和提倡教师与学生以及学生与学生之间的交流活动,要妥当使用各种教学技巧和艺术,充分利用接近实际生活的直观教具和现代化的教学手段。对外汉语课堂教学还要营造一种轻松愉快的气氛,以激发学生的学习兴趣,减少紧张和恐惧心理,只有这样才能收到预期的效果。

学习一种语言,历来被人们认为是枯燥的苦差事。如果教师没有很好地掌握和运用课堂教学技巧和艺术,就很容易造成压抑和紧张的课堂气氛。教师可以在开始上课的时候,与学生聊一些简单、轻松的话题,或者在讲课过程中穿插一些风趣幽默的话语、故事,适当开点玩笑,就会在一定程度上缓解学生的紧张情绪,活跃课堂气氛。

此外,语言教师应该想尽各种办法,充分利用接近实际生活的直观教具和现代化的教学手段,利用实物、图片、教具、动作加上现代化的录音、录像、电脑软件、动画、多媒体等,活跃课堂教学的气氛,改进课堂教学的方式。

（三）交际性操练的方法

所谓交际性的操练是从"语言是交际工具"的本质出发的，在交际性原则的指导下，在课堂过程中实现交际化。交际性操练不同于机械性操练，它以机械性操练为基础，但又不拘泥于机械性操练。它是在特定的真实或模拟真实的语言环境中，创造性地使用语言，在进行真实或模拟真实的语言交际活动操练中可以根据不同的交际对象、交际目的和交际场合对语音形式、词语、句型和对话方式进行选择。交际性操练在语言使用的准确性、流利性的基础上，更强调语言使用的得体性。教师一步步地放松对学生的控制，发展到让学生能够根据实际需要自由地表达，创造性地使用学习过的语言形式。需要注意的是，课堂上的一切教学活动和现实生活中的交际是不同的，课堂上的一切教学活动都是有教学目的和教学计划的，是教师精心设计的教学步骤，现实生活中的交际目的只在于交际本身，而课堂上的交际，目的不在于交际本身，而在于通过这些交际活动学会如何进行交际。因此，在语言的使用上就相对强调规范性和准确性。

在培养语言交际能力方面，交际性的操练方法十分重要。但是，从整个对外汉语的教学现状来看，课堂操练的分量不够、课堂操练远离实际交际。课堂上教师反复地领读，让学生记忆、背诵，然后替换、扩展，机械性操练占去了大部分时间，虽然符合"精讲多练"的原则，但是由于操练内容过于注重形式，远离实际交际，致使学生学习热情下降，产生厌倦。那么，如何让学生获得语言的交际能力呢？

首先，要注意在情景中操练。交际离不开情景，以掌握语言交际能力为目的的交际性操练一定要在一个真实或模拟真实的语言情景中进行。课堂上教师最大的作用是为学生创造一个真实的或模拟真实的交际环境。模拟真实的环境就需要教师去精心设置，尽量设置出具有交际价值的情景，比如，设计出与学生日常学习、工作、生活密切相关的生活片段，在课堂上来引发学生进行交际练习。

其次，要注重从机械性操练到交际性操练的转变。多年来我们比较重视语言结构的系统性传授和语言技能的强化训练，在机械性操练方面总结出："重复—替换—扩展—完成句子—提问或回答"等有效的方法。交际性操练的类型还在探索之中，主要是要在特定的语言环境中进行，以口头会话交际能力的操练为主，目标是形成话语能力，强调语言的规范性和得体性。从机械性操练到交际性操练是从语言要素到语言技能，再到语言交际能力的形成过程，两种操练方法缺一不可。

二、课堂教学的要求

课堂教学是对外汉语教学的基本组织形式,对外汉语教学的不同课型,其教学的要求也不完全相同,但无论什么课型都特别强调教师与学生的共同作用。这种共同作用体现在教师完成教学任务和学生掌握教学内容的程度上。

(一)对教师的要求

从第二语言教学特点出发,教学过程分为四个基本阶段,即感知阶段、理解阶段、巩固阶段和运用阶段,课堂教学中对教师提出的要求都是贯穿在这四个阶段。

1. 展示教学内容

在感知阶段,教师要运用最好的教学方法来全面展示和传授计划内的教学内容,把它们全部教授给学生。

2. 使学生全面理解所学内容

学生不一定能完全理解教师所展示和传授的教学内容,教师一定要运用正确的教学方法和技巧,尽量采取有效的教学手段和措施,帮助学生理解所学习的内容。

3. 引导学生正确地模仿和重复

在第二语言学习中,模仿和重复虽然是一种初级的操练方法,但却是十分重要的,是学习语言必不可少的前提和过程。教师在其中应该给予正确的引导。

4. 帮助学生巩固记忆

学习一种语言,记忆是非常重要的,尽管记忆要靠学生自己来实现,但是教师的作用不可低估,通过深入浅出地讲解并运用复习检查等手段,都可以帮助和督促学生巩固所学的内容并且真正记住。

5. 创造条件让学生进行交际

让学生能够正确运用汉语进行交际是对外汉语教学的最终目标,老师在课程教学中要想方设法创造交际条件,尽可能让学生在真实的交际情景中进行语言练习,从而使学生能尽快将所学的内容在实际中运用。

(二)对学生的要求

课堂教学对学生的要求贯穿在语言学习的"理解—模仿—记忆—运用"这一过程当中。

1. 理解

理解是语言学习的第一步。学生通过视觉和听觉等多种途径接受语言材料，并且进一步了解言语的意义、结构和用法，对语言材料从感性认识发展到理性认识。从记忆的特点来看，一般被理解的知识内容才能进入长久记忆。因此，理解所学的内容是学生学习汉语的第一步，也是学生在课堂上要完成的首要任务。

2. 模仿

理解了的知识还需要通过"实践—模仿"才能得以掌握。学生在汉语模仿中要注意模仿的正确性。因为错误的模仿只能造成负面效应，形成错误的习惯以后纠正起来就困难了。而开始模仿的时候往往要经过多次反复，不断纠正偏差和错误，才能达到正确的运用，关键是学生要充分利用课堂教学的有利条件，及时纠正错误的模仿，尽可能多地进行正确的模仿训练。

3. 记忆

记忆是所有语言学习必须具备的基本功。汉语学习的记忆，不论是机械的还是理解基础上的都需要学生的主观努力。尽管大量的学习信息记忆需要学生课外进行，但是学生应该尽可能利用课堂教学的各种有利因素来帮助自己记忆，以达到事半功倍的效果。

4. 运用

正确运用所学的内容进行交际是语言教学的最高目标，也是对外汉语课堂教学的最高目标。学生在课堂中要积极主动地参与各项课堂训练和活动，这样可以打下良好的语言基础，很快地适应课外的语言交际活动。

第四节 对外汉语教学的测试和评估

一、测试的类别

第二语言教学的全过程和全部教学活动可以概括为总体设计、教材编写与选择、课堂教学、成绩测试四大环节。语言测试是语言教学的四大环节之一，是语言教学活动的一个组成部分。语言测试与语言教学密切相关。作为语言教师，都有可能从事试卷的设计和命题工作。有关语言测试的基本理论知识，是语言教师应该掌握的。语言测试有不同的目的，不同的目的决定了测试的要求、内容和方法的各异。按照不同的测试目的，可以将语言测试划分为水平测试、成绩测试、诊断测试和潜能测试四种不同的类别。

（一）水平测试

水平测试（proficiency test）的目的是测量测试对象的第二语言水平。水平测试的内容和方法以能够有效地测量测试对象的实际语言水平为原则。一般而言，水平测试有专门的考试大纲、统一的试题和统一的评分标准。它以尽可能客观的标准来测量考生的目的语水平，能够证明达到同样分数线的考生具有基本相同的目的语水平。水平考试的这一特点决定了它不需要考虑测试对象的特点和他们的学习过程，所以同一种水平测试可以适用于不同的测试对象，水平测试的结果也可以作为新生入学编班的依据。

（二）成绩测试

成绩测试（achievement test）是一门课程或课型的测试，所以又叫课程测试。成绩测试是教学中最常用的一种测试，目的是测量学生在学习的一定阶段掌握所学课程的情况，测量他们的学习成绩，因此，成绩测试是教学中最常用的一种测试，一般是在教学过程的期中、期末以及教完一个或若干个教学单元之后举行。结业和毕业考试也属于成绩测试。这种测试的性质决定了它跟教学过程和教学对象有密切的关系，测试的内容和方法决定了它跟教学大纲规定的教学要求以及体现在课程的教材和课堂教学中的教学内容、教学方法相一致。

（三）诊断测试

诊断测试（diagnostic test）是检查学生对教学内容的掌握情况，目的是发现学生在学习某一具体内容或语言知识中的困难或不足之处，同时也检查教学效果是否达到教学大纲预期的要求，及时发现教和学双方存在的问题，以便及时采取措施，加以弥补和改进。与成绩测试相比，诊断测试不受教学进度的限制，随时可以进行，测验的内容更集中、更有针对性，可以观察课堂教学中随堂观察或成绩测试中不易发现的现象，并获得相应的数据。和水平测试一样，诊断测试也可以作为分班测试，还可以作为中介语调查的一种手段。

（四）潜能测试

潜能测试（aptitude test）也叫学能测试或素质测试。潜能测试的目的在于检查测试对象学习第二语言的潜在能力。这些能力是学习第二语言的基本能力，包括模仿能力、记忆能力和理解能力，其中最重要的是语音的模仿能力、词汇的记忆能力和语言点的理解能力以及归纳类推能力等。潜能测试的内容一般根据测量这几个方面的能力的需要来确定。测试用的语言必须是学生从来没有接触过的语言，并在教学之前进行测试，目的在于测试学生学习第二语言的适合程度。与其他测试不同，潜能测试既不能反映学生第二语言学习已经达到的水平，也不能反映学生学习中所存在的问题，而是具有检测学生是否具备第二语言学习能力的预测作用，因而也是一种不可缺少的测试类型。

二、语言测试的内容和类型

第二语言教学的目的是培养学生的语言能力和语言交际能力。第二语言的测试，除了潜能测试有特殊性以外，水平测试、成绩测试和诊断测试，都要和这一教学目的相一致，应该以测量测试对象的语言能力和语言交际能力为出发点。具体地说有以下内容和项目。

（一）语言测试的内容

作为第二语言教学的对外汉语教学的根本目的是培养运用语言进行交际的能力。对教学能起到积极的后效作用的语言测试，尤其是成绩测试和诊断测试应当与这一教学目的相一致。因此，语音、词汇、语法、汉字等语言要素，听、说、读、写等言语技能和在言语交际技能中涉及的语用规则、话语规则、交际策略，以及语言文化因素、基本国情和社会文化背景知识等，都是语言测试的内容。其中成绩测试和诊断测试应紧密配合教学计划和大纲，按所教的内容确定测试内容。水平测试则以考查受试者的整体语言运用能力为目的，目前主要仍是通过对语言要素知识、言语技能和言语交际能力以及相关文化知识等分项目测试来完成的。从理论上讲，应该考虑到如何更全面、综合地测量上述各项内容。对外汉语教学界于1984年开始研制汉语水平考试（HSK），于1985年完成第一套试题。经过二十多年的努力，HSK已经发展成为世界上影响最大的汉语水平考试。由此看来水平考试越来越对教学产生重大影响，其后效作用尤其值得关注。

（二）语言测试的类型

第二语言教学所培养的语言能力和语言交际能力，具体地表现为对话语（口头的和书面的）的理解和表达能力，其中理解能力具体表现为听和读的能力，表达能力则表现为说和写的能力。据此将听、说、读、写当作第二语言测试的基本项目，这些基本项目是通过一定的题型实现测试目的的。题型就是指试题的类型。一份试卷采用何种题型及各种题型的比例，一定程度上反映了考试的目的和对语言水平的看法。比如，主要考查阅读还是写作，是重视语法还是重视说话等。语言测试的题型多达近十种。下面重点介绍在对外汉语教学中常用的测试题型。

1. 多项选择题

一般是先有题干，然后给出四个答案备选择，让受试者选择其中的一个，另外三个就是干扰项，所以也有称之为四项选择。这是一般阅读考试和听力理解等语言技能考试的常用题型。它最大的优点是评分客观，所以信度大；接考出编制者想考的问题，一般受试者不会回避，因而效度也大。由于答题迅速，题量可以大些。在命题中最重要的是注意设计干扰项，这也是多项选择题命题的最大难点。干扰项一定要起到似是而非的干扰作用，不能牵强附会地随意拼凑。某个干扰项，如果没有一个考生选择，就可以说明它没有干扰作用，应该换掉。而且四个备选项应该尽可能涉及同一类相关事物，要保持内容的相关性和词性的一致性，难度上也要大体相当，还要避免主干中已经出现的词语。

这类题型的缺点是命题时费时费力，并且据统计有25%的猜对概率。还有就是不能测试表达能力，所以不能过分依赖这种题型，更不能把它作为平时常用的练习形式，否则会导致学生书写能力下降，也会影响到口语表达能力和阅读能力的培养，使学习者总的语言运用能力和文化素养下降。

2. 综合填空题

综合填空题是完形填空的基本形式，是指在一篇短文里隔开一定的字数删掉一个词，让受试者补上。这种题型的设计是以格式塔完形心理学派理论为基础的。格式塔完形心理学派理论认为，人的心理基本特征之一就是在意识经验中能体现出结构性或整体性，如果一个结构整体缺了某一组成部分，人们就倾向于把缺口补上使其完善起来。这种题型既要求读懂全文、理解全文，能达到原来作者的表达水平，考查出综合运用语言的能力，又能保持客观性测试的优点，所以现在很多综合性测试都采用这类题型。编制这类题型要注意：汉语考试中的综合填空一般应该考虑以词为单位。虽然是不定距离留空，但间隔也要平衡，不能连续留两个空格。应该尽量选择原文作为题目，短文长度可在 200—300 字之间。留空所测之处的内容，应当是宏观和微观相结合。但更应该要求考生从宏观上把握文章内容，甚至要读到文章最后才能填出前边的空。这样才能测出受试者的综合语言能力。有些语法点或词在它所出现的句中就能解决，这类题目是属于微观的，不能太多。只有这样才能发挥这类题型的长处。

3. 口试

目前大多数语言水平考试都是测试听、读能力，最多加上写作能力，而测量说的能力，由于技术操作方面的困难，还很难大规模进行。这是因为采用面对面的人工考试方法过于费时费力，人数太多的考试难以操作。目前我国的 HSK（高等）采用了录音方式。这种方式不是很自然，对受试者的心理有影响，因此测量说的能力一直不被很多标准考试所采用。但是口语表达能力是最直接、最重要的语言交际能力，不包括口语的水平测试，很难算是完整的测试。小规模的口试，特别是课堂的口试，常常采用师生面对面的谈话方式，并参照作文评分的方法，将标准量化、细化，并由多人集体评分使之尽量客观化。

4. 写作

多项选择题和综合填空题都无法直接测量语言表达能力，因此，传统的写作仍然是一种重要的题型。写作能够全面反映受试者的语言水平，反映其语法、词汇、汉字以及成段文字表达的能力。但是，写作最大的弱点是评分的主观性，所以大规模标准化的测试都不采用这一题型。另外，人们为了解决这一问题已经做了不少研究，以尽可能使这种主观性题型的评分客观化。

（三）各种测试比较

上述的四种测试即水平测试、成绩测试、诊断测试和潜能测试，在测试项目和测试内容方面各有其侧重点。

水平测试要全面测量受试者的语言能力和语言交际能力，要测试学生的整体语言运用能力，所以要全面、综合地测量语言知识、言语技能、言语交际技能以及相关的文化知识等各项内容。总之，理想的水平测试应当包括全部测试项目和测试内容。

成绩测试要参照教学大纲和教学计划，按照教学内容确定测试内容。第二语言教学有一定的阶段性，而教学阶段又分成初级、中级、高级三大阶段，每个阶段下面是学期，一个学期又可以分为期中和期末，再下一级的教学阶段是一个或若干个教学单元。一般说来每个教学阶段都要进行与这一阶段教学内容相一致的成绩测试。还需要说明的是，教学阶段的划分和各阶段教学内容的划分都是相对的，教学阶段和各阶段的教学内容都有一定的延续性和连贯性。之所以说测试的项目和内容要跟教学阶段的教学内容相一致，实际上就是说每一个阶段的测试内容都要包括以前各阶段的相关的教学内容。语言规律尤其是语言学习规律决定了在语言学习和习得过程中，知识的积累和技能的发展不能脱离原有的基础，语言测试要反映语言学习和习得这一规律，即所谓的"温故知新"的道理。

诊断测试要根据改进教学的需要来决定。在对外汉语教学中，有不少教学内容和方法要通过这种测试来获取数据从而加以调整和改进。

三、试卷设计

试卷设计主要包括卷面构成和试题类别两个部分。

（一）卷面构成

卷面是指一次考试中的一种完整的试卷。比如说用两种试卷分别测试听力和阅读，这两种试卷就是两个卷面。

卷面构成是指测试的项目和内容分布在几个卷面中，一个卷面包括哪些测试项目和测试内容。卷面构成可以根据试卷所包括的项目多少，分为单项卷面、双项卷面和多项卷面。只测试一个项目的叫单项卷面，一般是听力、说话（口语）、阅读、写作（写话）；也可以根据需要选择双项或多项卷面，测试两个项目的叫双项卷面，比如听和说、听和读、读和说、说和写、读和写；测试三个或四个项目的叫多项卷面，比如可以是听、说、写的多项组合。无论是哪种卷面，每个项目既可以包括该项目的全部测试内容，也可以只包括该项目的部分内容。

不同类型的测试对卷面构成的要求不完全相同，同一种类型的测试也可以由不同的卷面构成。卷面构成往往要由两个方面的因素来决定，一是测试目的以及由此决定的测试项目和测试内容，二是测试的时间长短。一般情况下，测试一个项目，则采用单项卷面；如果测试两个或两个以上项目，要考虑到测试内容多寡和题数的多少。任何考试都要受到一定的时间限制，所以卷面的题量应该合适，卷面的内容不宜过多，要让多数受试者能在规定的时间内完成。

不同的测试类型决定不同卷面的构成，下面介绍几个不同测试类型的卷面构成。

1. 水平测试

水平测试是全面测量测试对象的语言能力和语言交际能力。因此，理想的水平测试应当包括全部测试项目和测试内容，最好采用单项卷面，也可以一部分采用单项卷面，一部分采用双项卷面。

2. 成绩测试

成绩测试的卷面构成必须跟课型的教学任务相一致。对外汉语教学的课型既有综合课，又有专项技能课，每一种课型都要有自己的成绩测试。专项技能课一般只训练一两种言语技能和相应的言语交际技能，所以测试项目比较单一。例如，听力课的测试只需要测验听力，说话课的测试只要测验会话能力，测试项目单一就可以使用单项卷面。综合课则要进行各项言语技能和相应的言语交际技能的全面训练，需要测试的项目比较多。如果各个项目要同时测试，每个项目的测试内容和题量比较多，一般要采用双项或多项卷面。一般情况下，初级阶段适宜采用双项或者多项卷面，中高级阶段的期末考试以及结业（或者毕业）考试最好采用单项测试。

3. 诊断测试

因为诊断测试侧重于测验教师在课堂上不易观察的以及在成绩测试和水平测试中不容易发现的情况，而且可以获得在课堂教学和成绩测试中难以得到的数据，因此，测试的项目要抓住重点，测试的内容要集中而又有针对性，一次测试的项目和内容不要过多，最好测验一两项内容，采用单项卷面，每次测验一两项内容。

（二）试题类别

每一种类型的试题都可以包括具有不同特点、不同类型的试题，所以试题的特点跟测试的类型是不同的命题，应当把它们区别开来。试题本身的特点也有不同的层次，即题类和题型。题类是试题总体性质的类别，题型是具体题目的类型。语言测试题可以从以下不同的角度进行分类。

1. 标准化试题和非标准化试题

从测试制作的要求即从命题过程和试题的可靠性程度要求的角度，可以将语言测试题分成标准化试题和非标准化试题。标准化试题一般是根据现代教育测量学的理论，从设计、命题到评分、分析等对考试的全过程实施标准化操作，严格控制误差，具有较高的可靠性和相对稳定性，因此，能比较准确地测试出受试者的水平。反之，非标准化测试是由任课教师根据教学需要而自行设计、命题、实施测试并且进行评分的测试。这类测试大都没有统一的标准，而且在小范围内进行的。成绩测试和诊断测试往往属于非标准化测试。

2. 主观性试题和客观性试题

这是从阅卷评分的角度划分出来的类型。评卷时需要阅卷人做出主观判断的叫主观性试题。主观性试题能比较全面地考查受试者的综合语言能力，命题相对简单些，但是阅卷评分比较难，往往会因为阅卷者的个人主观认识来左右测试结果，大规模的测试还要耗费大量的人力和经费。客观性试题阅卷评分比较简单、方便，可以运用机器进行科学的阅卷，试题的覆盖面也能有相对保证。但是，客观性试题的命题难度要相对大些，在考查受试者的语言表达能力和综合能力方面有一定的局限。连以前的汉语水平考试（HSK 初、中等）的题型都是客观性试题。实际上，要想全面考查受试者的各项言语技能和言语交际技能，比较科学的方法是主观性试题和客观性试题相结合。汉语水平考试（HSK 高等）的题型就采用了这两种命题方法，其中的口试和作文部分的考试就是主观性试题。

3. 分立式试题和综合性试题

这是从试题的题型（测试内容的特点）角度进行分类的。分立式试题是对受试者所掌握的语言知识和语言技能进行分项测试，目的是考查受试者的单项语言能力，多项选择、综合填空、改错等题型都属于分立式试题。综合性试题是对有关的言语技能和相应的言语交际技能进行综合测验，听力理解、说话、阅读理解以及写作等方面的试题都属于综合性试题。

以上两种试题各有利弊。分立式试题比较容易体现客观性，也比较容易实现标准化，但是不容易全面测量测试受试者的言语技能和相应的言语交际技能。而综合性试题中的说话和写作测试比较难以体现客观性，尤其是阅卷评分标准主观性强，标准不容易准确把握。因此，如何使分立试题能够全面测量测试受试者的言语技能，同时如何使得综合性试题更加客观标准，是语言测试研究的一个重要目标。问题解决的关键是依赖对语言本体的深入研究，在找出各层次语言点的基础上，研究与之相应的言语技能和言语交际技能之间的对应关系。

4. 测试的质量保证

试题的效度、信度、区分度和反馈作用是反映语言测试的质量四个重要方面，理想的语言测试应当在这四个方面都达到较高的水平。

（1）效度。效度也就是有效性，指测试的有效程度，也就是测试的内容和方法是否达到了测试的目的。要保证效度，关键是测试的项目和内容要与测试目的相一致。这种一致性具体表现在这几个方面：第一，有的放矢，该测的就要测，不该测的不涉及。第二，该测量的部分还要注意是否有缺漏或出现偏题、怪题。第三，要注意试题所包含内容的代表性、准确度和覆盖面如何。例如测量阅读理解的能力，就必须设计含有相关的汉字、词汇、语法、社会文化等方面知识的综合性阅读试题，而不是只设计某一两个方面知识的分立式试题。另外阅读理解必须有一定的速度，因此，卷面的长度要与测试的时间一致，这就要求有一定的卷面长度，如果卷面太短，那么阅读速度就测量不出。再如，成绩测试要以主要的教学内容为主，如果试题内容超过了一定的教学范围，那么试题有效性就会受到影响，自然也无法实现测试的目的。具体地说，要保证试题的效度应注意以下几点：首先，明确测试目的。例如测试听力理解，如用篇幅过长的文本，就难以确定受试者的听力理解水平和记忆力两者之间究竟是哪一个起的作用。其次，命题要遵循原则。试题的语言表达必须清楚，要求必须明了。试题不宜过多或过少，过难或过易，否则就很难真实、全面地反映受试者的水平。再次，要避免试题之间相互暗示或在编排顺序方面可能暗示某些试题的答案。另外，必须严格考试的组织管理。测试指导语应该规范、明确，考试环境和设备要达到相应标准，考场组织纪律必须严格，监考人员在收发试卷时行为要符合规范等。

（2）信度。信度是指测试的可靠性，指测试结果的可靠程度和稳定性。换言之，就是同一个卷面和难易程度相同的试题用于水平基本相同的受试者，测试结果是否基本相同，是否反映了受试者的实际水平。语言测试是测量受试者语言水平的工具，工具本身必须可靠。同一试卷测量同一受试者，在其语言知识水平和能力水平没有变化的情况下，如果几次测量的结果都不同，则说明测量工具有问题。测试的成绩越接近受试者的真实水平，则测试的信度也就越高。要保证试卷的稳定性，必须讲究测试的信度。而试卷的稳定性对水平测试而言，可以保证达到同一分数线的受试者具有基本相同的水平；对成绩测试而言，除了保证达到同一分数线的受试者具有基本相同水平外，还能较为客观地反映教学质量和教学情况。

决定卷面信度的主要因素有：

第一，卷面构成。其基本要求是，测试项目要合理安排，测试内容必须有一定的代表性和覆盖面。

第二，试题的数量。难易相当的同类题型的数量越多则信度越高；题量少，偶然性就比较大，则信度相应地就低。

第三，评分标准和办法。评分标准客观、评分办法科学则信度高。一般来说，主观性试题的信度比较低，客观性试题的信度较高。解决的办法是对于主观性试题的评分要尽量客观化。

第四，受试者水平。受试者水平有差异，测试的可靠性就高。验证和提高卷面信度的主要办法是进行测试对比，经过多次测试对比和筛选，可以保证卷面的信度。此外跟踪调查测试对象的学习情况也可以作为衡量信度的一个标准。如果受试者在学习中反映出来的语言水平跟得分情况基本相符，就说明卷面的信度符合要求。

（3）区分度。区分度指测试区分受试者的水平差异的性能。如果受试者的水平有很大的差异，而测试结果却很接近，则说明该测试的区分性差。测试的区分度可以从试题的难易度和试题的区分度这两方面进行考察。试题的难易度是指试题的难易程度的比例应该适当。难度太高，能答对的人极少；难度太低，受试者都能答对，这两种情况不能反映受试者的真实水平。为了区分受试者的水平差异，试题的难度要保证一定的比例和跨度，可以把试题按难易程度分为若干等次，从而拉开受试者的距离。试题的区分度指试题能区分受试者水平差异的程度。试题的区分度与试题的难易度密切相关。如果将受试者分为若干组，某一道试题如果高分组答对，低分组答错了，那么这道题就有较高的区分度。

（4）反馈作用。反馈作用是指测试对教学所产生的影响。任何测试都会对教学带来反馈作用，反馈作用有积极和消极之分。能很好地引导教学，促进学生的学习是积极的反馈；反之如果误导教学方向，甚至出现教学为考试服务的情况是消极的反馈。要使测试本身起到积极的反馈作用要注意以下两个方面：一是测试项目、内容和试题题型的选择与确定要有利于指导课堂教学，二是测试标准和试题难易都要适度，这样才能有利于教学水平的提高。

第六章　中国传统文化影响下的对外汉语教学的手段和方法

第一节　教学理论与教学方法的重要性

第二语言教学是随着人们交际范围的扩大，特别是不同民族之间人们的频繁交际而形成的，从历史上看，第二语言教学的研究已经有较长的历史，第二语言教学实践的历史更为长远。在这一进程中，人们提出过一些第二语言教学的教学理论，也总结了很多第二语言教学的教学对策和教学方法，在第二语言教学方面取得了很多成果。

对外汉语教学属于第二语言教学，适用第二语言教学的教学理论，也适用第二语言教学的教学对策和方法。但是，以往的第二语言教学研究主要侧重于印欧语系的语言，其教学理论、教学对策和方法主要是针对印欧语系的语言总结的，对外汉语教学的教学对象和研究对象是汉语，而汉语毕竟是一门具有自身特点的语言，与印欧语系的语言有很大不同。第二语言教学具有共性特征，但特定语言的具体特点不同，其教学对策和教学方法也应有所不同，教学理论也应随之改进。

因此，在对外汉语教学的实践和研究中，从事对外汉语教学的教学人员和研究人员既要重视对外汉语教学与其他第二语言教学存在的共性特征，吸收国外先进的第二语言教学理论，应用于对外汉语教学的实践；也要重视汉语的特点，重视对外汉语教学的特殊性，实践和总结适应对外汉语教学特点的教学对策和教学方法，研究和创建以对外汉语教学为对象的教学理论。

根据本人十多年的对外汉语教学经验，以及从事对外汉语教学的同行对对外汉语教学的总结和研究，下面简述一下针对汉语学习者中汉语不同情况及特点，针对汉语学习者在学习过程中产生的种种偏误情况，而能够和应该采取的教学对策和教学方法。

第二节　汉语语音教学对策与教学方法

在对外汉语教学的初级阶段，"正音"是重要的教学环节，它关系到汉语学习者在听和说方面的学习和掌握的进度，也关系到汉语学习者未来的语音面貌。即使在对外汉语教学的中高级阶段，仍然需要不断正音，不断改善汉语学习者的语音面貌。

对外汉语教学的各个阶段的正音教学的重点不同。在初级阶段，正音的重点是字音，纠正汉语学习者在声母、韵母、声调方面的偏误，适当兼顾词音；在中级阶段，正音的重点是词音，纠正汉语学习者在多音节词语方面的偏误；在高级阶段，正音教学不是重点，正音主要是针对汉语学习者出现的偏误，随时纠正，巩固语音教学的效果。

正音是一个复杂的过程，从对外汉语教师来说，涉及教师正音的重点、步骤和采用的方法，需要对外汉语教师既要了解汉语的语音系统和特点、掌握语音理论和发音原理，也要充分了解汉语学习者的情况，包括汉语学习者的母语语音系统和特点、汉语学习者已有的汉语程度和语音面貌，这样，在对外汉语教学中才能体现针对性。从汉语学习者来说，正音是学习和掌握一种语言的重要而且必要的过程，通过不断的正音，汉语学习者可以使自己语音方面的中介语不断向目的语——汉语靠拢，汉语学习者要通过语音对比，包括与教师、录音、汉语说话者的语音对比，也通过对教材中汉语语音发音要领的描述，提高自己汉语语音的正确程度。

对外汉语教师的正音教学在汉语教学中起重要作用。对外汉语教师采用恰当、有效的语音教学策略和教学方法，可以提高汉语学习者在语音方面的学习效果和学习效率。

一、声调的教学对策和教学方法

汉语的声调是对外汉语教学中语音教学的难点和重点，有些汉语学习者虽有多年的汉语学习经历，但声调的偏误仍很明显。

我们在前面说到，在汉语的四个调类中，产生偏误的情况是不一样的，上声偏误的情况比较普遍，阴平偏误的情况次之，阳平、去声的偏误情况较少。因此，我们在教学中的对策应该是突出重点，首先突破上声、阴平两个声调，使汉语学习者的语音面貌在短期内得到明显改善，使汉语学习者能够感觉到口语交际能力得到增强，提高汉语学习者的学习兴趣。

针对汉语学习者上声的偏误，可以采用以下教学方法。

1. 在教材上标记上声字，以引导汉语学习者注意

对外汉语教材的生词有汉语注音，初级的对外汉语教材在前部的课文中大都有全篇的汉语注音，上声偏误比较严重的汉语学习者可以对上声字做出特殊标记；对于没有汉语注音的课文，应叫汉语学习者对上声字做出上声标记（∨）。

2. 突出重点

在初级阶段，汉语学习者的声调偏误可能很多，表现在多个方面，这时对外汉语教师不能全面纠正，而是要突出重点，有计划、有步骤地解决汉语学习者的声调偏误问题。上声偏误的纠正重点应该先是常用字、高频字，然后是其他字；在词语方面也应该先是常用词语，然后是其他词语。

3. 手势引导

通过手势纠正声调偏误，开始是应用在国内的普通话训练中，这种方法应用在对外汉语教学的语音教学中，也收到了比较好的教学效果。但这种方法只能用在字词的朗读中，而不能用在课文教学中。

针对阴平的偏误，对外汉语教师应该提醒汉语学习者注意把握汉语阴平调类"平"的特点，不要向上升成为阳平，或者向下降成为去声。在语音教学中，可用两个阴平字组成的词语进行训练，如"当心、公司、书包、参观、车间、搬家"等，这样可以强化学习效果。

阳平、去声的偏误比较少见，在对外汉语教学的语音教学中，也可以采用上述方法纠正。

声调偏误也表现为汉语学习者的个体差异性，即使是母语相同的汉语学习者，其声调偏误的情况和程度也有所不同。因此，在对外汉语教学的课堂教学中，对外汉语教师应注意汉语学习者声调偏误的共性与个性，统一解决共性偏误，个别解决个性偏误，不要平均使用力量。

二、音节的教学对策和教学方法

有些汉语学习者能够读准单音节的字，但在读某些双音节的词时发生偏误。其中原因一是汉语的音节声调，有时也包括声母、韵母，在连读时发生了变化；二是汉语学习者忽视汉语音节组合的连续性，分不清词和词的界限；三是连续的音节使语音更加复杂化了。因此，对外汉语教师需要研究和总结双音节词语语音变化的情况和规律。

双音节词语的语音偏误主要发生在声调方面。汉语双音节词语的声调类型不算轻声词共有16种：——、—／、—∨、—＼、／—、／／、／∨、／＼、∨—、∨／、∨∨、∨＼、＼—、＼／、＼∨、＼＼。其中两个上声音节相连的"∨∨"，由于语流音变而变为"／∨"，所以汉语的声调类型实际上是15种。在对外汉语教学中，教师要归纳这些音节类型所包括的双音节词语，用多个不同的词语反复练习，纠正汉语学习者的双音节词语偏误。

例如，有些汉语学习者读"小时"时容易发生偏误，某一音节不准确，或两个音节都不准确。而且，不只是"小时"如此，"雪球、好人、美国"等词也是这样，这说明这些汉语学习者在"∨／"类型的音节组合的发音方面有困难。对外汉语教师采用的教学方法应该是：①解释说明"∨／"类型的音节组合的发音特点：上声的上扬部分不要过高，即降下以后稍拐即可。②搜集也是"∨／"类型的其他双音节词语配合练习，如"以前、警察、起床、转移、打球、省钱、减肥、旅游、雪人、感情"等。

对音节重音格式方面的偏误，主要采取的教学对策是：①对外汉语教材在编写时应在初级课本的生词部分注明词语的重音格式类型，便于对外汉语教师在教学中正确把握，也有助于汉语学习者自学。②对外汉语教师要熟悉汉语词语所属的重身格式类型，熟悉各种重音格式的发音特点。③对外汉语教师要重视对重音格式偏误的纠正。现代汉语的词重音一般不具有区别词义的作用，但是汉语学习者把多个重音偏误的词语在一起运用时，轻者影响他的语音面貌，重者会使听者难于理解他的意思。

三、轻声词的教学对策和教学方法

轻声词是对外汉语教学中的难点和重点。

轻声词的规范是现代汉语规范化的一个方面，从轻声词的分布来看，有以下情况：

①必读轻声的词。也就是这个词或这个词的后一音节只读轻声，没有非轻声的读法。例如助词"的、地、得、了、着、过"等，双音节词"棉花、将就、麻烦、衣服"等。②可读轻声，也可以不读轻声的词。这类词又可以分为两类，一类是轻声和非轻声的不同读法具有区别词性或区别意义的作用，如"精神"，读轻声是名词，读非轻声是形容词；"合计"，读轻声意义是"盘算""商量"，读非轻声意义是"计算""总共"。另一类是轻声和非轻声的不同读法没有区别意义的作用，如"西瓜"。

在轻声词的教学中，可以采取以下对策和方法：①如果汉语学习者在轻声的发音方面有困难，教师可以采用"由重转轻"的方法引导他们，即先按非轻声来读，然后逐渐弱化为轻声。②对外汉语教师应该掌握好常用的轻声词，在课堂教学中准确地教授和使用轻声词。教师本身对轻声词运用不准确，会使学生对轻声词不重视，影响学生对轻声词的掌握。

四、声母的教学对策和方法

声母、韵母、声调的教学是汉语语音教学的主要内容，其教学对策和教学方法也就是汉语语音教学的主要对策和方法，归纳起来，声母、韵母、声调的教学主要有以下方法。

1. 引导法

引导法在对外汉语教学中经常使用，在其他语音教学中也经常使用。引导法是引导语音学习者由一个熟悉或已掌握的音而去发另外一个相似的音。

引导法在对外汉语教学中的运用主要有两个方面：一是如果汉语学习者的母语中有和汉语辅音声母相同或相似的辅音，则可以引导汉语学习者由其母语中具有的这个或这类辅音来发汉语的辅音声母；二是引导汉语学习者由自己已经掌握的辅音声母来学习相似的新的辅音声母，例如由 b 学习 p，由 d 学习 t，由 g 学习 k，由 z 学习 zh 等。

引导法既可以帮助汉语学习者学习新的声母，也可以使汉语学习者体会声母之间的区别。

2. 对比法

对比法是在教学中进行不同语音之间的对比，以利于语音学习中掌握不同语音的发音特点和发音区别。

对比法在对外汉语教学中的运用也有两个方面：一是进行汉语语音和汉语学习者的母语中相同或相似的语音对比；二是进行汉语语音系统中的不同的语音对比。

在第一个方面，对外汉语教师要把教学重点放在汉语与汉语学习者的母语相似但又有所不同的语音上，如英语中的舌叶音和汉语中的舌面音，英语中的浊塞音与汉语中的清塞音等。

在第二个方面，对外汉语教师要注意把握汉语语音的系统性，特别是汉语声母的系统性。汉语声母的系统性是声母对比的基础，能够进行对比是因为不同的声母具备某个或某些共性特征，而它们之所以不同是因为它们又具备某个或某些个性特征。例如：b 和 p 对比，是因为它们之间存在"双唇音、清音、塞音"等共性特征，又存在"弱送气／强送气"的个性特征；f 和 h 对比，是因为它们之间存在"擦音、清音"等共性特征，又存在"唇齿音／舌根音"的个性特征。

3. 突出法

突出法是在教学中强调突出某个或某些语音的发音特点，使学习者获得深刻的印象。突出法在声母教学中主要用在弱送气音和强送气音上。

汉语的弱送气音和强送气音都是送气的，但气流的强弱不同。母语辅音中没有这种区别的汉语学习者不容易把握这种区别。对外汉语教师在初级教学中应该拉大弱送气音和强送气音之间的距离，加大送气音的送气幅度，突出两者之间的区别，使弱送气音和强送气音的对比感得到增强。

4. 组合法

组合法是在教学中利用音素与音素的组合来发出或纠正某个音的方法。

组合法可以运用元音与元音的组合、元音与辅音的组合（鼻韵母、声母与韵母组合的音节）来进行。组合法是利用语音和语音的相近之处，通过一个音而发另一个音。元音和元音的组合主要是利用舌位的高低、前后和唇形的圆展方面的相近来学习或纠正语音。元音和辅音的组合主要是利用舌位的情况来学习或纠正语音。

5. 示范法

示范法是教师进行发音示范的方法。发音示范是语音教学的重要环节，教师的发音示范应该准确无误。在发音示范时，教师不但要求汉语学习者注意听，而且要求他们认真看，观察教师的发音口型。必要时，教师可以图示发音时舌在口腔中的位置。

在对外汉语教学中，声母的教学应当结合音节的教学进行，目前的绝大多数对外汉语教材都是这样处理的。这是因为单独声母的教学很难使汉语学习者把握，而且离开具体表意的音素学习也很难引起学生的兴趣。

声母的教学应当贯彻从易到难的原则，首先应该学习前面说到的一般语言里都具备的具有共性的辅音，然后学习汉语中特有的辅音。对于有一定难度的辅音声母，不一定要求汉语学习者在一开始就准确无误地发音，而是可以循序渐进，通过不断地正音使汉语学习者逐渐掌握。

现代汉语的声母以弱送气和强送气为主要的区别性特征，而且不能区分弱送气音和强送气音是汉语学习者产生的常见偏误。教师可以用对比法、突出法等进行正音。

五、韵母的教学对策和教学方法

汉语的韵母分为单韵母、复韵母和鼻韵母三种，其中单韵母是韵母发音的基础，对外汉语教师应该重视单韵母的发音教学。

汉语的单韵母共有9个：a、o、e、i、u、ü、－i［前］、－i［后］、er，其中a、o、e、i、u属于大多数语言里都有的一般元音，而ü、－i［前］、－i［后］、er则属于汉语里特有的特殊元音。对于一般元音和特殊元音，要采用不同的教学对策和方法。

1. 一般元音的教学对策和方法

由于汉语中的一般元音也是大多数语言里所共有的元音，因此，汉语学习者学习和掌握这些元音时不会存在太大的困难，主要是应该注意一般元音中的一些细微差别。

一般元音教学中，对外汉语教师应该注意母语不同的汉语学习者在一般元音发音方面的偏误。i的偏误表现在有的语言里的i不如汉语的i舌位高，因此，在教学中教师应注意汉语学习者发i时的舌面高度。也可以利用声母中的j、q、x来加强这种抬高舌面高度的效果，因为j、q、x是舌面音，发音时舌面需要抬起，抵近或接触硬腭前部，而当i有偏误的汉语学习者发ji、qi、xi等音节时，i受到j、q、x的影响，舌位就会抬高，汉语学习者由此可以体会其他组合中i的发音。

汉语里的e是舌面后半高不圆唇元音，其显著特点是"后"，舌面后缩。对于某些汉语学习者来说，e的偏误主要表现为舌面靠前，因此，在教学中教师应注意汉语学习者发 e 时的舌面后缩的情况。也可以利用声母中的 g、k、h 来加强这种舌面后缩的效果,因为 g、k、h 是舌根音,发音时舌根需要后缩,抵近或接触软腭,而当 e 有偏误的汉语学习者发 ge、ke、he 等音节时,e 受到 g、k、h 的影响,舌位就会后缩,汉语学习者由此可以体会其他组合中 e 的发音。

汉语里的 u 是圆唇元音,以日语为母语的汉语学习者发 u 常常不圆唇。对外汉语教师要注意强化这些汉语学习者 u 的圆唇度。

2. 特殊元音偏误教学对策和方法

汉语单韵母中的四个特殊元音(ü、er、—i[前]、—i[后])都是汉语学习者学习和掌握汉语语音的重点和难点。但这四个特殊元音的发音特点区别很大,对外汉语教师要寻求具有适应性的方法进行教学。

汉语单韵母 ü 的重要特点是圆唇,汉语学习者 ü 的发音偏误常常是圆唇度不够。在单韵母 ü 的教学中要注意,如果只强调圆唇,汉语学习者发出的 ü 常常是不准确的。因为汉语单韵母 ü 不仅仅是圆唇,还具有舌位是前、高的特点,嘴唇要前伸。因此,对外汉语教师在语音教学中要把握单韵母 ü "圆、前、高"的发音特点,重点解决发音时唇形"圆"的问题,同时不要忽视舌位"前、高"的问题。

er 是卷舌元音,在汉语的整个语音系统中都是比较特殊的。对于美国的汉语学习者来说,对外汉语教师可以借助美式英语里的"—er"或"—or"的发音来引导卷舌的发音。美式英语里的"—er"或"—or"的发音与汉语卷舌元音 er 的发音有相近之处,如 "teacher" "color" 等词中"—er"或"—or"的发音。当然,汉语里卷舌元音"er"的发音要比这复杂,但我们可以借助美语的这个特点使汉语学习者初步掌握卷舌的发音,然后在以后的学习中慢慢加以改进。

汉语里"二、贰"的读音与"而、儿、耳、饵、尔、洱、迩、珥"等字不同,"二、贰"的舌位比"而、儿、耳、饵、尔、洱、迩、珥"等字音的舌位低,因为舌位高低与开口度成反比,所以在教学中教师可以引导汉语学习者加大开口度,这样舌位就会自然降低。

汉语的舌尖元音—i[前]和—i[后],前者专门拼 z、c、s 一组声母,构成 zi、ci、si 三个音节;后者专门拼 zh、ch、sh、r 一组声母,构成 zhi、chi、shi、ri 四个音节。因为舌尖元音—i[前]和—i[后]构成的音节有限,所以汉语的母语教学中大多采用整体认读的方法,这种方法也可以在对外汉语教学中使用。整体认读就是把 zi、ci、si、zhi、chi、shi、ri 作为整个音节进行教学,而不再单独教 — i［前］和 — i［后］两个舌尖元音。

在 zi、ci、si 三个音节的教学中,要注意舌尖的前伸和嘴唇的展开,也可以引导初级的汉语学习者把舌尖前伸的幅度大一些。

在 zhi、chi、shi、ri 四个音节的教学中,要注意舌尖后缩翘起。

3. 复韵母的教学对策和方法

汉语复韵母要滑动发音,不要把复韵母发成两个或三个元音。复韵母滑动发音才能够使复韵母成为一个整体,整个音节才能够听起来自然和谐。教师示范发音时,开始可以慢一些,让学生体会如何滑动。

为了使汉语学习者体会滑动,可以先学习汉语二合复韵母中属于"长滑"的 ai、ia、ao、ua 等韵母,因为这些韵母的滑动比较明显。然后再学习汉语二合复韵母中属于"短滑"的 ei、ou、uo 等韵母。

复韵母一般应该遵照由长滑到短滑、由二合元音到三合元音的教学方法。

4. 鼻韵母的教学对策和方法

汉语学习者在汉语鼻韵母学习中产生的最主要的偏误是前后鼻音韵尾的偏误,针对这种偏误,对外汉语教师一是要求汉语学习者注意前鼻韵尾" — n"和后鼻韵尾" — ng"的发音特点,注意两者之间的区别;二是要汉语学习者把握发前鼻韵尾" — n"时舌尖前伸,发后鼻韵尾" — ng"时舌根后缩,而且属于前鼻韵尾" — n"的鼻韵母都有舌尖前伸的特点,属于后鼻韵尾" — ng"的鼻韵母都有舌根后缩的特点。

因为汉语中的鼻韵母是成系统的,所以教师可以采用对比发音的方法进行教学。汉语中的 16 个鼻韵母中有前鼻韵尾的 8 个,后鼻韵尾的有 8 个,前鼻韵尾和后鼻韵尾基本上是对立存在的,可以进行对比发音的如 an — ang、in — ing、en — eng、ian — iang、uan — uang、un — ueng、ün — iong 等。例外是 üan、ong 两个韵母,需单独教学。

六、语调的教学对策和方法

语调包括重音、停顿和句调三个方面,在对外汉语教学中,初级阶段语调的教学目标是使汉语学习者初步掌握汉语语调的一般规律,能够区别不同语调的表意作用；中级阶段的教学目标是使汉语学习者进一步掌握语调的特殊规律，学会运用语调准确表意；高级阶段的教学目标是使汉语学习者在前面的基础上熟练地掌握和运用语调。

语调的教学应该随课文进行，教师范读课文要注意正确地把握语调，也要对汉语学习者的语调偏误随时纠正。

1. 句重音的教学对策和方法

句重音分为语法重音和强调重音两个方面，语法重音相对来说比较简单，而强调重音则比较复杂，常常与词义、语调的其他方面等结合在一起。

语法重音的教学不必单独进行，对外汉语教师可以结合课文的朗读和讲解进行，使汉语学习者在不断的汉语语言材料的接触中，逐步了解和掌握汉语语法重音的大致规律：主谓结构，谓语重读；动宾结构，宾语重读；偏正结构，偏部重读；补充结构，补语重读。

汉语是音乐性的语言，重视语言表达的抑扬顿挫和起伏跌宕，语法重音在体现这个特点方面起了重要作用。初级的汉语学习者往往不重视语法重音的作用，只注重词语的使用和意义的表达，因此在说话朗读的语调比较平，没有表现出轻重变化，也没有体现出抑扬顿挫的韵味，但因为汉语学习的初级阶段主要教学目的是掌握词语和正音，语调在汉语学习的初级阶段并不是教学重点，也不影响汉语学习者运用汉语进行一般交际，所以对外汉语教师在初级阶段可以对汉语学习者的语法重音偏误不做重点纠正。但到了汉语学习的中级阶段以后，对外汉语教师要重视语法重音偏误的纠正，以使汉语学习者能够说出比较标准、比较地道的汉语。

强调重音是在特定表意需要时才使用的，强调重音会引起句子中词义或语义的变化。强调重音的教学可以结合课文的阅读与教学进行，使汉语学习者在语言实践中体会强调重音的意义和作用，增强对句义或语义的理解。

对外汉语教材应该适当编列有关强调重音的练习，这种练习可以是对比式的，也可以是语境式的。对比式是句子中的某个词语是强调重音和非强调重音的对比，例如"我们房间有四个人"，"四"为强调重音时，意义是人很多；不是强调重音时，是一般的陈述。语境式是结合具体语境练习强调重音的理解和使用，练习使用的语境可以是段落，也可以是对话。

"几"和"两"在读强调重音和非强调重音时的词义不同,这在对外汉语教材的内容应该有说明,"几"在疑问句中重读,属于强调重音,是"多少"的意思,如"买几斤?"在非疑问句中不重读,属于非强调重音,是"数量不多"的意思,如"买几斤"。"两"是强调重音,是"二"的意思,"两"不是强调重音,是"几"的意思。

2. 停顿的教学对策和方法

停顿的教学对策和方法如下。

(1)结合标点符号的学习了解和掌握句子中的停顿。汉语标点符号中的点号是需要停顿的,如顿号、逗号、分号、句号、问号、感叹号等,其中句号、问号、感叹号被称为句末标点,停顿的时间较长,分号次之,逗号再次之,顿号停顿时间最短。

(2)结合语法知识的教学,使汉语学习者了解和掌握汉语语法的基本结构,例如"主语—谓语""主语—动词—宾语""定语—中心语""状语—中心语""中心语—补语"等,把握在句子成分之间停顿的规律。例如,在句子比较长的情况下,主语和谓语之间可以停顿,动词和宾语之间可以停顿,修饰语和中心语之间可以停顿。

(3)引导汉语学习者正确把握汉语句子里词与词之间的语法关系和语义关系,语法关系和语义关系是逻辑停顿的基础。

3. 句调的教学对策和方法

前面说到,汉语学习者句调方面的偏误中常见的是疑问句的句调偏误,而陈述句、祈使句、感叹句方面的偏误比较少,因此,句调的教学应该以疑问句的教学为主。

(1)通过对比教学使汉语学习者把握汉语疑问句的特点,进而正确地掌握疑问句的语调。

与其他语言比较,汉语的疑问句有以下特点:汉语的是非问句与陈述句的结构基本相同,区别只在于语调;汉语的特指问句中的疑问代词的位置比较灵活。可以说,使用疑问句调(升调)是汉语疑问句的主要特征。在对外汉语教学中,教师可以通过疑问句和非疑问句的不同句调的对比使汉语学习者了解和掌握汉语句类的这个特点。例如:"他没来。——他没来?""他去吃饭了。——他去吃饭了?"

(2)通过教师示范,使汉语学习者掌握汉语疑问句句调属于整个句子的特点。

针对有些汉语学习者说或读疑问句时只升句子的最后一个音节的句调偏误,教师可以通过朗读示范,使汉语学习者了解汉语疑问句的升调是属于整个句子的,整个句子的语调是渐升的。当然，疑问句的声调对句末的字调有影响，但在汉语学习中，汉语学习者还是应该注意掌握整个句子的句调，对外汉语教师也应该在教学中提醒汉语学习者注意。

七、语流音变的教学对策和方法

从本质上讲，语流音变是人们为求得发音的流畅自然而采取和产生的语音变化。人们在语言使用中，有一条重要的原则，叫作"省力原则"。省力原则就是在语言使用中尽力避免繁复、拗口、麻烦，追求简约、自然、流畅，省力原则体现在运用语音、词汇、语法等的各个方面。

语流音变是省力原则的一种体现。因此，语言中语流音变的掌握对大多数语言学习者来说应该是很自然的，不存在太大的困难。我个人认为，对外汉语教师不必把语流音变作为教学重点，而且，汉语学习者在语流音变方面的偏误一般也不会影响交际效果。对于两个上声音节相连的语流音变、"啊"的语流音变、"一"的语流音变的偏误，都可以使汉语学习者在汉语学习的初级阶段初步掌握，以后在中高级阶段加以熟练。

第三节 汉语词汇教学对策与教学方法

词汇在语言中处于重要位置，词汇教学也历来是语言教学的重要内容。如何快速有效地增加语言学习者的词汇量，增强语言学习者对词语的运用能力，是第二语言教学研究的一个重要内容。词汇作为语言的三要素之一，其在语言教学中的重要性是显而易见的。对于对外汉语教学来说，词汇教学的重要性还表现在其实用性上，因为在学汉语的学生中，以后真正要进行汉语教学和汉语研究的人是极少数，绝大多数人只是把汉语作为有利于自己工作、学习的一种工具。因此，在对外汉语教学中，我们要重视词汇教学，重视如何快速有效地增加语言学习者的词汇量，增强语言学习者对词语的运用能力的问题。

掌握词汇，包括掌握词语的量，即尽可能多地掌握词语，也包括掌握词语之间的关系。词汇是一个系统，单个的词语并不是孤立存在的，而是通过种种关系与其他词语联系起来，共同构成一个词汇系统。这些关系包括同义关系、反义关系、类义关系、同音关系、同形关系、同源关系、同类关系（词类）等。这些也是词汇教学的内容。

对外汉语教学中的词汇教学的对策主要包括两个方面：一是探讨扩大汉语学习者词汇量的方法；二是训练汉语学习者运用词语的方法。

语言教学中，词语的掌握有三个阶段。

1. 初现

语言学习者初次接触某个词语，有初步印象，但对词语的具体意义还缺乏深入的了解。在这个阶段，虽然有时语言学习者借助语境可以大致猜测这个词语的意思，但他们对这个词语的了解是朦胧的，不清晰的。

2. 达意

语言学习者通过教师的对词语的讲解或自己翻查词典，了解了这个词语的基本意义或这个词语在这个语境中的意义。在这个阶段，语言学习者对词语意义和词语运用已经能够初步把握。

3. 复现

语言学习者学习过的某个词语在语言材料的另一种语境中再次出现。词语复现的情况有两种：一是这个词语以初现时的意义在一种不同的语境中出现；二是这个词语以不同的意义（多义词的其他意义）出现。一般来说，复现率比较高的词语，也是语言学习者最应该掌握的基本词语。在语言教学中，词语的复现，对于语言学习者了解和掌握词语是十分重要的。

对外汉语教师应该了解词语掌握的这三个阶段，把握汉语学习者的学习心理，运用有效的教学方法，提高词语教学的效果和效率。例如在第一阶段，初现的词语不能太多，以免使汉语学习者看不懂语言材料，产生畏惧心理。在第二阶段，对外汉语教师对词语的讲解应该深入浅出，适应汉语学习者对汉语的理解程度，对于多义词，也不要一次把多义词的各个意义都教给汉语学习者，而应该循序渐进，让汉语学习者在不断的学习中逐步掌握。在第三阶段，教师可以通过教学语言，通过练习增加词语的复现率，巩固汉语学习者对词语的印象。

一、教师扩展词语的方法

总结对外汉语教学工作，我们认为，教师扩展汉语学习者的词语主要有以下方法。

1. 同义扩展

同义扩展就是利用同义词扩展汉语学习者的词语。

汉语中有大量的同义词，它能够使汉语表达准确、细致、严密，恰当地使用同义词，对于汉语表达来说，是十分重要的。利用同义词扩展汉语学习者的词语，不但可以增加汉语学习者的词汇量，还可以使他们了解和掌握汉语同义词之间的区别，进而准确地使用。

进行同义扩展要求对外汉语教师具有较高的辨析同义词的能力。对外汉语教学中的辨析同义词和我们母语教学中的辨析同义词既有共同点，也有区别，对外汉语教学中的同义词辨析更注重词语运用方面的区别，也有一些同义词在母语教学中不是重点，学生在语感上已经能够区分，但对于汉语学习者来说却是难点，他们不容易把握这些同义词运用的不同语境。在对外汉语教学中，汉语学习者可能随时提出同义词的区别问题，对外汉语教师一方面在备课时要有所准备，一方面要不断学习，提高辨析同义词的能力。近年来出版了很多同义词辨析方面的书，对外汉语教师应该经常阅读，积累知识。

同义词的辨析包括两个方面：一是实词的辨析，包括名词、动词、形容词、代词、数量词、副词等，二是虚词的辨析，包括介词、连词、助词、语气词等。这两个方面辨析的重点不一样，实词的辨析主要侧重在语义、用法、色彩等，虚词的辨析主要侧重在用法。例如"盼望——渴望"属于实词的同义词辨析，都是动词，辨析中指出它们意义上轻重有别即可；"和——或"属于虚词的同义词辨析，它们都是连词，表示并列关系，但用法上不同，"和"是表示"A＋B"的联合关系，"或"是表示"A／B"的选择关系。

在对外汉语教学中，同义扩展包括前期预予和后期概括两个方面：前期预予是在学习一个词语时，联系汉语学习者在后期学习中将会学到的同义词，进行比较辨析，使汉语学习者能够把前后的学习联系起来；后期概括是在汉语学习者掌握了一定数量的词语时，对其中的同义词进行总结，加深汉语学习者对这些同义词的印象。

2. 反义扩展

反义扩展就是利用反义词扩展汉语学习者的词语。

语言中的反义词用来说明矛盾对立的事物或现象，学习和掌握反义词，有利于汉语学习者从认知角度学习和掌握汉语，恰当而准确地使用联想手段进行汉语思维。

反义扩展的使用原则是由易到难，要适应汉语学习者的学习程度和情况，有利于丰富汉语学习者的词汇。反义扩展可以使汉语学习者的表达更加流畅自然，例如，有的汉语学习者学习了"长"以后，没有掌握它的反义词"短"，就只能表达为"不长"，缺少了成对概念的另一端。

反义扩展可以和同义扩展结合起来。一个词可以有两个或几个不同的反义词，这些反义词又构成了一组同义词。对外汉语教师可以既介绍反义词，也辨析同义词，以利于纠正汉语学习者的偏误。例如"瘦"的反义词有"肥"和"胖"，"肥"和"胖"构成同义词，"肥"主要用于人以外的动物，如"育肥""肥肠""肥壮""肥瘦"等，也可以用于土地，如"肥沃""肥田"等；而"胖"主要用于人，如"胖瘦""胖子""胖墩"等。在现代，"肥"也可以用于人，但含有"不喜欢""讨厌"的意思，如"减肥""肥头大耳"等。又如"高"的反义词有"矮"和"低"，"矮"和"低"构成同义词，"矮"具有口语色彩，主要用于人，如"个子矮""弟弟矮哥哥一头"等，也用于建筑，如"矮墙"；"低"主要用于自然界的事物和建筑，如"楼层低""云彩低"，抽象的事物一般用"低"，如"水平低""等级低"。

3. 类义扩展

类义扩展就是利用类义词扩展汉语学习者的词语。

语言中的类义词是指表示一个大类中所包含的各个同类事物的一组词语，在汉语词汇语义学中，类义词同属于一个语义场。例如"电视机、电冰箱、微波炉、排油烟机、空调"属于类义词，它们同属于"家用电器"这个大类，也可以说同属于"家用电器"语义场。

类义扩展的作用，一是可以丰富汉语学习者的词汇，二是可以使汉语学习者掌握类义词中不同词语间的区别，三是汉语学习者容易接受也乐于接受这种扩展方法。

在汉语教学中，类义扩展的教学要求是适当、有用。适当是指教师对类义词的介绍不要追求全、多，应适可而止，过多地介绍类义词反而使学生不知所措，容易冲淡主要的教学内容。有用是指介绍的类义词应该是常见的、重要的，掌握这些类义词有利于汉语学习者的语言交际。

从词类来说，类义词主要包括以下类型。

（1）由表示人或事物的名词组成的类义词，如表示车类的"火车、汽车、卡车、摩托车"等，表示文具类的"笔、纸、格尺、橡皮、圆规"等。

（2）由表示动作行为的动词组成的类义词，如表示"看"的动作类的"看、瞅、瞄、扫、瞪、注视、仰视"等，表示脚的动作类的"走、跑、跳、蹦、溜达、跨、登、爬"等，表示手的动作类的"拿、递、给、捏、握、端、举、压、掰、拍、抚、摸、挠"等。

（3）由表示性质状态的形容词组成的类义词，如表示颜色类的"红、黄、蓝、白、黑、棕、紫、粉、绿"等，表示味道类的"酸、甜、苦、辣、咸、淡"等。

类义词可以分为大类和小类，大类和小类是相对的，教师在教学中要根据实际教学情况灵活把握大类和小类的教学。例如文具类如果作为大类，那么"笔"就是小类，包含"粉笔、铅笔、钢笔、毛笔、蜡笔"等。

在教学中，教师在运用类义扩展时也要注意使汉语学习者理解和掌握类义词中不同词语间的区别，可以用实物教学、图片教学、教学课件等方法显示类义词的不同。

4. 同音扩展

同音扩展就是利用同音词扩展汉语学习者的词语。

汉语里有两种同音词，一种是同形同音词，即写法相同的同音词，这种同音词或属于语音偶然巧合同音，它们的意义之间没有联系，如"开花"的"花"和"花钱"的"花"，或属于以前的多义词在语言演变中意义的联系逐渐淡化，人们已经看不出意义之间的联系，如"刻字"的"刻"和"一刻钟"的"刻"；另外一种是异形同音词，即写法不同的同音词，如"期中"和"期终""轻生"和"轻声"。

同音扩展一般用在后期概括，即在汉语学习者学到一个新词时，联想到另外一个或几个已经学过的、和这个词同音的词。

5. 义项扩展

义项扩展是利用多义词的义项扩展汉语学习者的词汇。语言学习者的词汇扩展应当包括这样几个方面。

（1）扩展词语的数量；

（2）了解词语之间的同义、反义、类义、同音、同形等意义关系；

（3）扩展多义词的义项数量。义项扩展正是针对后一方面。

多义词的义项分为基本义和转义，基本义是常用的、基本的意义，转义一般是由基本义发展而来的意义。在对外汉语教材的编写中，词语的意义应该由基本义到转义逐渐学习。

义项扩展的教学应该使汉语学习者大致了解义项的发展脉络，了解这样由基本义到转义或由这一转义到另一转义的方式。这样，有助于汉语学习者发展自己的汉语思维，增强学习效果，也有助于纠正汉语学习者把汉语的多义词与其母语的多义词等同起来而形成的偏误。

转义产生的方式大致有以下方法。

（1）时间和空间转换，即由基本义到转义或者是由时间到空间，或者是由空间到时间。例如"起来"基本义是"向上"，是属于空间的，引申为"动作或情况开始并且继续"，是属于时间的。

（2）范围扩大或缩小，即由基本义到转义或者是范围由大到小，或者是范围由小到大。例如"花"的基本义是"种子植物的有性繁殖器官"，转义有"可供观赏的植物"，范围扩大了。

（3）相关转换，即基本义和转义属于相关的人、事物、动作、行为、性质、状态等。例如"口舌"有两个义项，一个是"因说话而引起的误会或纠纷"，另一个是"指劝说、争辩或交涉时说的话"，两个义项之间存在相关性。

（4）相似转换，即基本义和转义存在一定的相似性而进行的转换。例如"冲淡"的基本义是指加进某种液体来稀释，因相似而产生转义"使某种气氛、效果、感情等减弱"。

（5）词类转换，即词由某类词性发展到另一词性。例如"劳动"是动词，发展为名词。再如"客套"，基本义是"表示客气的套语"，是名词，转义是"说客气话"，是动词。

（6）比喻，是通过比喻的方法产生转义，这样的转义又叫比喻义。例如："并肩"的基本义是"肩挨着肩"，由比喻产生转义"行动一致，共同努力"。

6. 联想扩展

联想扩展就是利用联想思维扩展汉语学习者的词语。

联想是重要的思维手段，也是语言教学的重要方法和语言学习的重要方法。其实，同义扩展、反义扩展、类义扩展、同音扩展、义项扩展都要借助联想手段，都属于联想扩展，我们这里主要介绍其他的联想扩展的方法。

（1）词语搭配的联想

词语搭配的教学是在汉语学习者掌握了一定量的词语后，进行词语组合，进而构成句子进行交际的重要教学环节。在对外汉语教材中，《桥梁》比较重视这个教学环节，安排了重点词语讲解和大量的词语搭配训练，这有助于提高汉语学习者的词语运用能力。

词语搭配既是词汇问题，也是语法和语音问题。一般来说，词语搭配要受到以下方面的制约：

①语音制约

我们前面谈到，汉语表达不但注重意义的表达，也注重语言形式方面的整齐匀称，其中一个表现就是汉语表达常常要求音节的谐调，即单音节词与单音节词配合，双音节词和双音节词配合。这种配合关系，我们称之为词语搭配方面的语音制约。语音制约的另一表现是避免语音重合，如我们一般说"黄河与长江"，如果说"黄河和长江"就有些绕嘴。

②语法制约

词都属于某一或某些词类，这一或这些词类的语法特点对词语与其他词语的搭配产生制约，这叫作语法制约。

语法制约体现在主语和谓语、动词和宾语、修饰语和中心语等方面。一般规律是：名词做主语，一般要求充当谓语的词语是动词或形容词；动词、形容词做主语，一般要求充当谓语的主要词语是判断动词"是"、非动作动词、形容词等；动词的宾语一般是名词；心理动词（喜欢、希望等）、表示动作始终的动词（开始、进行、结束等）、感知动词（看到、感觉等）等动词的宾语可以是动词、形容词；名词做中心语，其修饰语（定语）常常是形容词、名词、代词、数量词，如果修饰语是动词，一般要加助词"的"；动词、形容词做中心语，其修饰语（状语）常常是副词、形容词、时间名词、助动词等；动词、形容词做中心语，其补语常常是副词（很、极）、形容词等。

③语义制约

语义制约是指词语的搭配要适合词语的语义要求。

语义制约表现在两个方面：一是词语含有的义素要求和特定的词语搭配，例如"吃"的搭配对象一般是固体的，如"饭、苹果、面包、东西"等；"喝"的搭配对象一般是液体的，如"水、饮料、稀饭、汤"等。二是词语的搭配表现为语言习惯，如和"提出"搭配的词语有"问题、建议、观点"等，和"发出"搭配的词语有"号召、指示、命令"等。

④语境制约

在词语搭配方面，语境制约主要指词语语体色彩要保持一致。

词语有口语词、书面语词和中性词的区分，一般情况下，应该是口语词与口语词或中性词搭配，书面语词与书面语词或中性词搭配，而中性词则既可以和口语词搭配，也可以和书面语词搭配。

鉴于以上词语搭配方面的制约情况，对外汉语教师在词语教学中，对词语的解释应该包括语义、语法（词类）、语体色彩等方面，这样，可以帮助汉语学习者更好地理解词语和使用词语，也能够更有效地进行词语搭配的联想训练。

（2）同素词语的联想

同素词语是指有一个语素相同的多个词，有"AB、AC"和"AB、CB"两种形式，例如"学习、学问、学科、学业"是同素词，"学习、复习、自习、预习"也是同素词。

同素词语的联想就是借助词语中语素之间的关系和联系来扩展汉语学习者的词语，在一些对外汉语教材中，设计了这方面的练习，进行这方面的训练，教师在教学中，可以运用这种手段，巩固和扩展汉语学习者的词语。

同素词语的联想除可以扩展汉语学习者的词语外，还有如下作用：

①可以加强汉语学习者对汉语语素意义的理解，有助于他们深入理解汉语词语的意义构成。汉语的多音节词语是以复合法为主要构词法的，其中每个语素的意义在构成词义中起很重要的作用，理解每个语素的意义可以帮助理解整个词语的意义。例如"教室"，"教"是教学的意思，"室"是房间的意思，构成"进行教学的房间"的词义。语素意义的理解，在汉语学习和教学中，可以起到以简驭繁的作用，收到事半功倍的效果。

②可以对汉字教学起到促进作用。汉字教学一直是对外汉语教学中的难点，学生感到难学，教师感到难教。汉字教学难的原因很多，但是我们觉得把汉字与词分离，单纯地教汉字是造成这一现象的主要原因。

汉字不同于字母文字，它是表意文字（也有人认为是意音文字）。表音文字的字形与字音直接联系，与意义的联系是间接的；而汉字的字形则直接与字义直接联系，与字音的联系是间接的。在汉语中，一个汉字通常表示一个语素，字义表现为语素义。因此，强调语素意义的理解和把握，可以提高汉语学习者学习和掌握汉字的兴趣，对汉字教学起到促进作用。

二、纠正词语偏误的对策和方法

汉语学习者的词语偏误可以概括为词形偏误、词音偏误、词义偏误和使用偏误等几个方面。

1. 纠正词形偏误的对策和方法

词形偏误的表现因汉语学习者的国别不同而不同。一般来说，欧美的汉语学习者的词形偏误大多表现为同音偏误，即使用了与词中用字同音的字，也就是我们常说的别字。日本的汉语学习者的词形偏误大多表现为用日语汉字代替汉语的汉字。在日语中使用一定数量的汉字，但其中有一些汉字与我们现在使用的汉字的字形不同，但组合成的词语的意义却是相同或相近的，这就容易造成日本的汉语学习者在词形书写方面的偏误。

对于欧美等地的汉语学习者的词形偏误，应该采取以下教学对策和方法。

（1）加强汉字字义的教学

汉字具有表意性，汉字的字义和词义密切相关，汉语学习者掌握汉字的字义，有助于他们对汉语词义的理解，也有助于纠正词形方面的偏误。例如"休息"中的"休"是会意字，由"人"和"木"组成，"木"是树，会出"休息"的意思；"身体"中的"体"是会意字，由"人"和"本"组成，"本"是"根、根本"的意思，会出"一个人的构成、人的根本"的意思。掌握了这两个汉字的字义，就不会把"休息"写成"体息"，把"身体"写成"身休"。

（2）加强汉字部首的教学

形声字在汉字中占很大比重，形声字由形旁和声旁构成，理解形声字字义的关键是理解形声字形旁的意义。形旁一般属于部首，所以汉字部首意义的掌握对于汉语学习者来说是比较重要的，可以用于纠正词形的偏误。

《现代汉语词典》的部首是188个，但是常用的部首也就是几十个，如"山、木、心、土、车、口、贝、女、火、日、气、穴、目、田、衣、虫、走、雨、金、门、食"等。这些部首的意义可以结合单个汉字的教学进行。

在部首教学中，要注意使汉语学习者掌握变形部首。汉字里的变形部首的特点是使用频率高，都是常用的部首，对于理解汉字的字义是非常重要的。

部首教学可以起到以简驭繁的作用，以部首统率一批汉字的学习，掌握一批汉字的字义。例如，从部首"忄"汉字的字义大多和人的心情、情绪有关，如"情、忆、悔、恨、悦、怕、惊"等；从部首"礻"的汉字的字义大多与祭祀神灵等有关，如"祀、神、礼、社、祈、祷、祖、祠、祸、福"等。

（3）加强词语的书写训练

欧美等地的汉语学习者大多对学习汉字有畏难心理，不愿意用汉字书写词语。对外汉语教师要采取多种教学方法，提高他们的学习兴趣，加强词语的书写训练。这些教学方法可以有记日记、猜词、词语比较、词语填空等。

对于日本的汉语学习者的词形偏误，应该采取以下教学对策和方法。

（1）汉字对比

对外汉语教师要熟悉日语中使用的汉字的情况，了解日语汉字和汉语汉字的异同点，这样教师就能够预测日本的汉语学习者可能出现的词形偏误的情况，使教学内容更有针对性。

（2）词语比较

对日语和汉语中意义相同或相近而词形略有区别的词语，教师可以采取词语比较的方法，使汉语学习者注意两者词形方面的区别，避免产生词形偏误。

2. 纠正词音偏误的对策和方法

词音偏误包括两个方面：一是由于汉语学习者的字音偏误而引起的词音偏误，二是多音节词语连读时的语流音变偏误。对于第一方面，我们已经在前面做了阐释，这里不再赘述。对于第二方面语流音变方面的偏误，应采取以下教学对策和方法。

（1）通过范读引导学生注意多音节词语中调值的变化。汉语声调有四个调类，调值分别是阴平55、阳平35、上声214、去声51，但在多音节词语中，由于音节处于重读或轻读等的不同位置，调值会有所不同，也就是说，多音节词语的调值情况，并不等于每个音节调值的加合。对外汉语教师要通过自己对词语的范读，使汉语学习者体会这种变化。

（2）在初中级对外汉语教材中，对多音节词语的轻重格式类型，可以用一定的方法标出，以利于教师的教学和汉语学习者的学习。

3. 纠正词义偏误的对策和方法

从大的方面说，词的意义有词汇意义和语法意义，其中，词汇意义又可以分为理性意义和色彩意义，色彩意义包括感情色彩、语体色彩和形象色彩。因此，可以说词义是一个复杂的概念，由此产生的词义偏误的表现和类型很多，也最为复杂，这要引起对外汉语教师的重视。

纠正词义偏误的对策和方法主要是解释词语意义的方法要灵活多样。

一些对外汉语教师按照词典的解释来给汉语学习者解释词语的意义，常常造成教学效果不佳和汉语学习者的困惑。词典的解释是有用的，但也有局限，因为我们现有的汉语词典大多是为本国人编写的，其对词义的解释也是适应本国人情况的。用这种词典进行对外汉语教学，一是这种解释可能不适合汉语学习者的接受程度，使汉语学习者难以理解词义；二是词典中一般只解释词的理性意义，对词的附加色彩意义、文化内涵、语素意义则很少提及。

因此，在对外汉语教学中，教师在不同阶段解释词语意义的方法要灵活多样，总的原则是，词义解释要适应汉语学习者的理解程度，要适应这个阶段的教学需要，与这个阶段的教学要求相配合，使汉语学习者能够正确地使用词语。用这个原则指导我们在教学中决定对词语解释多少内容，解释到什么程度。

解释词语的方法可以有：①概念法，即解释词语表示的概念意义，这种解释的话语要尽可能通俗易懂。②实物法，即用实物进行说明，一般用于名词的解释。③演示法，即教师通过演示解释词义，例如一些表示动作行为的词语可以通过这种方法解释。④图示法，即通过图片展示解释词义，例如一些不便在课堂进行展示的实物可以用这种方法解释。⑤对比法，对比法有多种方式，如汉语词语与汉语学习者母语类似词语的对比，新学词语与已学词语的对比，同义对比、反义对比等。⑥比喻法，即用打比方的方法来解释词义，用这种方法可以解释一些词语的比喻义。⑦列举法，即用举例的方法解释词义。

另外，我们也希望有识之士能够编写出适应对外汉语教学需要和要求的现代汉语词典。

4. 纠正词语使用偏误的对策和方法

词语的语音、语义、词形、语法等方面的偏误都可以叫作词语的使用偏误，但我们这里所说的词语的使用偏误是特指的，即指由于文化冲突而引起的词语使用偏误。

对外汉语教学是针对外国人而进行的汉语教学，外国的汉语学习者在汉语学习过程中不知不觉地要面临两种文化的冲突。汉语本身蕴含着中国文化，运用的方法和使用的环境要受到中国文化的影响和制约，而汉语学习者具有的母语和母语文化在其学习和使用汉语中也会施加影响，这就会导致汉语学习者词语使用方面的偏误。

针对词语使用方面的偏误，我们建议采用以下教学对策和方法。

（1）将中国文化教学融入汉语教学之中

对于语言和文化的关系，学术界有过讨论，有人主张语言和文化的同一关系，有人主张语言和文化是真包含于关系，有人主张语言和文化是交叉关系，总的来看，不管这样，人们认为语言和文化关系密切。对外汉语教学界曾开展过关于文化教学和汉语教学关系的讨论。我们认为，鉴于语言和文化的密切关系，也为了使汉语学习者更好地掌握和运用汉语，最好还是把文化教学和语言教学融合在一起，使两者互相促进。

词语是最能体现文化因素的，因此，在词语教学中，教师可以适当介绍词语所体现的中国文化。例如，汉语里的亲属称谓语比较多，如父母辈的称谓语就有"爸爸、妈妈、大爷、叔叔、姑姑、姑父、舅舅、舅妈、姨、姨夫"等，汉语称谓语多体现了中国重视家庭、历史上家族庞大、封建社会的世袭制等方面的文化特点。

词语的使用方法也体现文化因素。中国传统文化中重视整体性、宏观性，认识事物的思维特点常常表现为由大到小、由宏观到微观，由整体到个体。在汉语里的表现有：汉族人的姓名顺序是先姓后名，家族在前，个人在后；汉语时间的表达是年月日，按由大到小排列；汉语地名的表达是省、市、县（区），按由大到小排列。

对外汉语教师要对中国文化特点有一定的了解，在教学中灵活地引入中国文化的内容，这样可以使汉语学习者对汉语的理解更加深入。

（2）创设语言交际环境

交际法是第二语言教学法之一，运用交际法可以使语言学习者在交际中熟悉词语的使用方式和使用环境，在具体的语言环境中加深对词语各种意义的理解。对外汉语教学中也应该适当引入交际训练，教师可以根据汉语学习者的汉语程度为他们创设交际环境，如等车、买东西、借书、问路、交流学习体会等，进行交际训练。

在交际训练中，教师应该以鼓励为主，多肯定汉语学习者正确的地方，以使汉语学习者肯说，敢说，增强交际的连续性，对于汉语学习者在交际中表现出的偏误或不当之处，应在交际训练后的讲评中指出。

（3）词语搭配训练

词语搭配训练是提高汉语学习者使用词语能力的有效方法和手段，词语搭配训练既可以增强汉语学习者对汉语词义和汉语词语功能的理解，也可以增强汉语学习者对词语文化含义的理解，以及对词语运用环境的认识。

词语搭配训练中，教师要在词语意义的轻重、词语意义的范围、词语感情色彩、词语的语体色彩、词语的适用对象等方面给汉语学习者以指导。

第四节　汉语语法教学对策与教学方法

一、对外汉语教学语法的要求

对外汉语教学中的语法属于教学语法，它有和其他教学语法的共同特点，也有与其他教学语法的不同之处。

教学语法是和理论语法互相对立、互相区别的，庄文中在《中学教学语法和语法教学》一书中指出："教学语法具有四个特点：一是科学性，教学语法是吸收当前理论语法、描写语法的科学成果而形成的，社会上绝大多数人公认的正确的或者说比较正确的，而不采用有争议的学说和体系，比较稳定。二是教学性，易教易学，学习对象是可以接受的，这就要求教学内容简明精要，表述方式有趣好懂。三是实用性，从语言实际出发，指导语言实践，提高学生语言的理解能力和使用能力。四是规范性，明确讲解语言的正误优劣，促进语言的规范化。"庄文中先生认为，教学性是教学语法的本质特点。我们觉得，教学语法的教学性决定了教学语法的原则要求应该是简单、有用、易教。简单是说教学语法不能过深、过繁，要使学生容易理解，容易掌握；管用是说教学语法要能够给学生的语言学习和语言运用以指导，具有实用性。易教是说教学语法要适应教学规律，使语法教师容易把握。对外汉语教学的语法也应该具备上述特点，符合上述要求。

作为对外汉语教学的语法，它也有自身的特点。对外汉语教学的语法要尽可能和汉语学习者已有的母语语法知识结合起来，以利于汉语学习者学习。我们说尽可能结合，并不是说要和汉语学习者的母语语法一致，而是说要符合大多数国家流行的教学语法体系，在一些必须使用的术语上，如词类术语、句子成分术语等，尽可能与其保持一致，语法分析的理论和方法尽可能保持一致。

二、对外汉语教学语法的教学要求

1. 对外汉语教学语法教学要作为整体教学的一部分

对外汉语教学语法是为汉语学习者学习、掌握和运用汉语服务的，汉语学习者不是为了学习语法而学习语法，而是把语法作为学习汉语的工具。因此，对外汉语教学语法应该作为对外汉语整体教学的一部分，把语法教学融入对外汉语教学之中。

2. 要循序渐进，和汉语学习者的学习进度一致

对外汉语教学语法应该作为对外汉语整体教学的一部分，把语法教学融入对外汉语教学之中，作为具体做法，就是把对外汉语教学语法的内容按照循序渐进的原则，编入对外汉语教材之中。

对外汉语教学语法的教授要与汉语学习者的学习进度一致，先简单，后复杂，先基础，后发展，符合教育教学的规律。从语法的内容来说，应该按照词类、句子成分、句型、特殊句式的顺序进行教学。对外汉语教材课文的选择要考虑到语法教学的需要，使学生学有所用。

3. 要深入浅出、生动活泼地讲解

语法比较抽象，也比较枯燥，要使汉语学习者有学习兴趣，教师深入浅出、生动活泼的讲解十分重要。要做到这一点，教师应该把握如下教学方法。

（1）讲解要简明扼要

语法教学只是对外汉语整体教学的一部分，起帮助汉语学习者学习和掌握汉语的作用，所以对外汉语教学中的语法教学应当简明扼要，避免烦琐。要做到简明扼要，教师在掌握整个对外汉语教学语法体系的基础上，必须很好地掌握语法点，掌握语法难点和重点，能够把握要点解释语法要素和语法类别。要做到简明扼要，教师还要对

汉语学习者的对汉语语法的掌握情况心里有数，了解汉语学习者的语法偏误情况，也要通过汉语学习者母语语法和汉语语法的对比，预测汉语学习者可能产生的语法偏误，进而找出语法教学的重点和难点，有针对性地进行语法教学。

（2）尽量少用术语

在对外汉语语法教学中，使用语法术语要适当。在必须使用术语而且这个或这些术语出现的频率较高的情况下，可以使用术语，而在可用可不用的情况下，尽量少用术语。

必要的术语可以帮助教师简明准确地讲解汉语语法内容，但是如果使用的术语过多过滥，反而会给汉语学习者造成不必要的学习和记忆负担，影响对外汉语教学的效果。

我们认为，少用术语来解释语法内容，对对外汉语教师的要求更高了，因为这需要把语法术语转换成通俗的语言，要求教师具备全面的语法知识，要求教师具备高超而熟练的语法讲解能力。

（3）举例要生动有趣

要避免语法讲解的枯燥，教师的举例要生动有趣，能够吸引汉语学习者的注意力，引发他们的学习兴趣。

（4）结合汉语学习者的语法偏误

结合汉语学习者的语法偏误讲解语法内容，能够使汉语学习者重视汉语语法知识的学习，重视语法知识的实践作用，提高他们运用汉语进行交际的能力。

教师在对外汉语教学中，要注意搜集汉语学习者语法偏误的语料，积累资料，对汉语学习者的语法偏误语料进行分类，这既有助于语法教学，也对教师在对外汉语教学方面的科学研究有好处。

4. 要注意汉语语法的特点

教师要通过对汉语学习者母语语法和汉语语法的对比，总结汉语语法的特点，这些特点常常就是我们进行汉语语法教学的重点和汉语学习者学习汉语语法的难点。了解了汉语语法的特点，教师就能够在教学中突出重点和要点，精讲语法内容。

对于汉语语法的特点，前人已经有很多论述。我们认为，汉语语法的特点是分层次的，可以从大的、宏观的方面来谈，也可以从小的、微观的方面来谈。

从大的、宏观的方面来说，汉语语法的特点如下。

（1）语序和虚词是重要的语法手段

汉语的语序表现为下面两个特点：一是语序灵活，词语的顺序常常有多种安排方式，这个特点在口语中表现得更加明显。语序不同有时会引起意义的变化，这种意义变化有时很大，有时比较小，例如"我帮助他"变成"他帮助我"，意义变化很大；变成"帮助他，我"，意义变化比较小。

（2）有量词

有量词是汉语词类的重要特点。汉语的量词表现出如下特点：一是汉语量词有两个类别——物量词和动量词，物量词表示人或事物的单位，动量词表示动作行为的单位，物量词和动量词的语法功能有所不同。二是汉语中的量词数目比较多。三是某一量词常常与某一名词配合，但又表现为复杂的交叉关系，例如量词"条"可以和名词"绳子、皮带、围巾、裤子、河、蛇、线、建议、思路"等配合，而名词"绳子"可以和量词"条、段、根、截、盘、堆"等配合。四是不同量词与某一名词配合时，有时会表现出语义差别或修辞特色，如"一个月亮""一弯月亮""一轮月亮"等。

（3）单句句型比较复杂

汉语除了具有大多数语言中具有的主谓句外，还有非主谓句，非主谓句包括动词性非主谓句、形容词性非主谓句、名词性非主谓句、叹词句等。在主谓句中，汉语除了具有大多数语言中具有的动词性主谓句外，还有形容词性主谓句、名词性主谓句。

汉语单句句型中有特殊句型，如连谓句、兼语句、主谓谓语句、"把"字句、"被"字句、"连"字句、"是"字句、存现句等。

（4）词、短语、句子体现五种基本的语法关系

五种基本的语法关系是联合、偏正、动宾、补充、主谓，这五种基本的语法关系体现在汉语从词到短语、句子的构成之中。例如主谓关系，在构词法中，像"地震、自主、民主"等词就是用主谓型的复合式合成词；在短语结构类型中，像"阳光灿烂、我说、大家谈谈"等短语就是用主谓结构构成的短语；在句子类型中，像"我们吃饭、大家赞成这件事、我们班的同学都是留学生"等句子都是由主谓短语构成的主谓句。

从小的、微观的方面来说，汉语的语法特点体现在多种方面，例如，在词类中，汉语的名词除具有一般的特点之外，还可以做谓语；汉语中的形容词也有特殊之处，

它可以直接做谓语。在句子成分中，汉语中的修饰性成分一般在中心语的前头，如"干净的教室、我们的老师、快走、高兴地说"等。

5. 可以采用国际通用的符号

为了教学的方便和汉语学习者的理解，在对外汉语教学的语法教学中，可以采用国际通用的语法教学符号。例如用 N、V、A 分别表示名词、动词、形容词，用 S、O、P 分别表示主语、宾语和谓语，用"S—V—O"表示"主语—动词—宾语"的语法格式等。

三、注重汉语学习者语法偏误的纠正

对外汉语教学中的语法教学应该以纠正汉语学习者的语法偏误为中心，这样做一是符合教学语法的教学规律，二是这样可以把语法教学与汉语的学习和掌握结合起来。

纠正汉语学习者语法偏误的教学对策和教学方法如下。

1. 预测汉语学习者可能产生的语法偏误

为了纠正汉语学习者的语法偏误，对外汉语教师要依据中介语理论，对汉语语法和汉语学习者的母语语法有一定的了解。对外汉语教师要通过两种语法各方面的对比，如词类特点对比、句子成分的情况对比、句型构成情况的对比等，研究和发现汉语语法与汉语学习者母语语法的相同点和不同点，从而预测汉语学习者在汉语语法学习中可能产生的语法偏误，研究纠正这种偏误的教学对策和教学方法。

有时教学班的汉语学习者来自多个国家，他们的母语不相同。在这种情况下，教师要善于发现他们母语语法的共性特点和个性特点，以多数具有共性母语语法特点的汉语学习者的情况为教学标准，同时兼顾少数汉语学习者的特殊情况。例如来自日本、韩国的汉语学习者，其母语语法具有一定的共性，来自欧洲的汉语学习者，其母语语法具有一定的共性。

教师对汉语学习者的语法偏误预测是为了做好教学准备。但是由于汉语学习者的学习策略、学习方法等个性差异有所不同，因而某些语法偏误在一些汉语学习者中发生，却可能在另一些汉语学习者中不发生，可以说，语法偏误对于每个汉语学习者来说并不是必然的。

2. 概括和归纳汉语学习者语法偏误的类型

汉语学习者的语法偏误现象是纷繁复杂的，对外汉语教师要善于把纷繁复杂的语法偏误现象条理化、系统化，进而运用适当的标准，概括和归纳汉语学习者语法偏误的类型。

一般来说，汉语学习者语法偏误的类型可以分为词类的（包括实词的和虚词的）、句子成分的（包括使用词语的偏误和成分位置的偏误）、句型的、特殊句型的（如"把"字句的偏误）等。当然，每类语法偏误还可以进一步细化，分成大类下的小类。

分类是方法，不是目的，我们要注重语法偏误背后产生原因的分析。汉语学习者产生语法偏误，最主要的原因可能是母语的负迁移，即把母语的语法知识错误地运用到汉语语法的学习中。当然，语法偏误还可能有其他原因，如语义理解、语用环境等。对外汉语教师要注重对语法偏误产生原因的分析，因为只有这样，才能制定出有针对性的教学对策和教学方法。

在概括和归纳汉语学习者语法偏误的类型时，对外汉语教师要注意汉语学习者语法偏误中的共性特征与个性特征。所谓共性特征是指具有共同母语的大多数汉语学习者所产生的语法偏误，这种语法偏误常常是因为汉语学习者在汉语学习中因母语语法的负迁移而形成的；所谓个性特征是指个别汉语学习者所产生的语法偏误，这种语法偏误可能是因为汉语学习者在汉语学习中因母语的负迁移而形成的，也可能是因为汉语学习者个人的学习策略、领悟水平的差异而产生的。对于汉语学习者具有共性特征的语法偏误，对外汉语教师应该在课堂语法教学中讲解汉语语法要点，强调汉语语法的特点，纠正汉语学习者的语法偏误。对于汉语学习者具有个性特征的语法偏误，则要采取个别指导的方法解决。

3.语法教学的教学方法

要纠正汉语学习者的语法偏误，教师的语法教学方法非常重要。在对外汉语教学中，可以采用的语法教学方法主要如下。

（1）归纳法

归纳法是列举语法现象，然后归纳出语法点进行讲解的语法教学法。

例如举出"马克告诉我们一个好消息""肖老师教我们汉语""我们应该送肖老师一个礼物""我们第一次送中国人礼物""你们送他什么礼物"等句子，导出语法点——双宾句，然后归纳汉语双宾句的特点。

归纳法列举的语法现象，可以是对外汉语教材中的例句，也可以是教材课文中的句子。

（2）解析法

解析法是分析语法现象的构成和特点的语法教学法。

在对外汉语教学中，解析法的运用常常是在语法点的讲解中，教师通过例句解析语法现象。例如讲解"结果补语"这个语法点，教师通过"打开""看完""写好"等语法现象，解析结果补语出现的环境和特点：结果补语前的中心语是动词；结果补语一般由动词、形容词充当，如"完、开、到、动、好、错、坏、清楚、明白"等中心语和结果补语之间一般不用助词"得"；在"动词＋结果补语"的结构中，动词与结果补语存在因果关系，动词为因，补语为果；"动词＋结果补语"的结构可以带宾语，如"他看完了这本书"。

（3）比较法

比较法是通过类似语法现象的比较而讲解语法内容的语法教学法。

在对外汉语教学的语法教学中，用来比较的语法现象应该是类似的，有联系的，例如词类中双音节动词的重叠形式和双音节形容词重叠形式的比较，动态助词"了、着、过"的比较，副词"刚"和"才"的比较，结果补语和程度补语的比较，施事主语和受事主语的比较、受事宾语和施事宾语的比较，带宾主谓句和"把"字句的比较，等等。

在教学中，比较法通常用于新语法知识和已经学过的语法知识进行比较，这样，汉语学习者不但能够通过比较容易地理解和掌握新的语法知识，而且对已经学过的语法知识进行了复习和巩固，起到了"温故而知新"的作用。

比较法也包括汉语语法内容和汉语学习者母语语法内容的比较。

（4）公式法

公式法是用类似数学公式的方法进行教学的语法教学法。

在对外汉语教学中，公式法一般常用在句型和句式的教学中。这主要体现在三个方面。

一是用在对句型或句式的讲解教学中，用公式概括句型或句式，例如汉语双宾句的句型公式可以概括为"S＋V＋Q1＋Q2"，汉语连谓句的句型公式可以概括为"S＋V1＋（O1）＋V2＋（O2）"，"（ ）"代表可以有这个句子成分，也可以没有这个句子成分。

二是用在不同句型或句式的比较中，用公式显示不同句型或句式的异同，例如比较用"过"的句子的疑问形式和否定形式的公式：

S＋V＋过＋（O）＋没有？（疑问句）

S＋V＋没＋V＋过＋O？（疑问句）

S＋没（有）＋V＋过＋（O）。（否定句）

三是用在句型或句式转换的教学中，例如一般带宾主谓句转换为"把"字句，可以用公式表示为：

S＋V＋O→S＋把＋O＋V

用公式法进行对外汉语教学中的语法教学，能够使汉语句型的构成情况简单明了，一目了然，也能够加深汉语学习者对汉语句型或句式的印象，便于他们理解和掌握汉语语法。

四、注重汉语虚词的教学

汉语虚词是汉语重要的语法手段，在语法结构中起重要作用，虚词的使用也是汉语学习者的学习难点。

目前的对外汉语教材中的虚词教学基本上是采用单个教学的方法，即把虚词放到各篇课文的教学之中，一个个地进行教学。也有的教材在单个虚词教学之后，对同类的虚词进行归纳总结，并比较它们的异同。

汉语虚词的特点如下。

（1）使用频度高，大多数属于常用词

虚词大部分是高频词，但是它们的频度还是有区别的，按照虚词的类别来说，虚词频度由高到低的排列顺序是：助词、连词、介词、语气词；从单个虚词来说，在汉语中出现频率比较高的虚词是"的、了、过、着、和、在"等。

（2）意义比较复杂，有多种用法

一般的规律是，常用的常常是复杂的，由于虚词大多数属于常用词，因此虚词意义和用法常常是复杂的。例如助词"的"，《现代汉语词典》按照用法列举了6个义项：①用在定语后面；②用来造成没有中心词的"的"字结构；③用在谓语动词后面，强调这动作的施事者或时间、地点、方式等；④用在陈述句末尾，表示肯定语气；⑤用在两个同类的词或词组之后，表示"等等、之类"的意思；⑥用在两个数量词中间。其中第一个义项又分为4个小类。《现代汉语虚词例释》（北京大学中文系1995、1957级语言班编，商务印书馆1982年9月）列举了"的"的三种作用：①用在定语跟中心语之间；②"的"黏附在词或词组之后，组成"的"字结构；③其他用法。其中第一种作用又分为6个小类。

（3）虚词在语言里出现的情况比较复杂

概括起来，可以说有两种情况：①必用虚词，例如动词性短语做定语必须用助词"的"（走路的人）；②可用可不用虚词，这又分为两种情况：一是用不用虚词不影响基本语义，如"我哥哥——我的哥哥""工人农民——工人和农民""桌子上的书——在桌子上的书"，二是用不用虚词影响语义，如"开车——开的车""学习汉语——学习了汉语"。

汉语虚词的这些特点使虚词教学在对外汉语教学中既是重要的，又是相当有难度的。

汉语虚词的教学对策和教学方法如下。

（1）先主要，后次要；先分教，后总结

先主要后次要含有两层意思：一是把汉语虚词按照常用的频度情况分为主要虚词和次要虚词，先教主要虚词，后教次要虚词；二是就某个汉语虚词来说，把它的用法按照常用的频度情况分为主要用法和次要用法，先教主要用法，后教次要用法。

虚词的意义比较复杂，用法多样，在对外汉语教学中，应该先教其中的主要用法，然后教次要用法。例如助词"了"，应该先教表示动作或变化完成的用法，然后教用在句末的语气词用法，最后教其他的用法。这种先主要、后次要的教学顺序，体现循序渐进的教学原则，也适应汉语学习者汉语交际能力逐渐提高的情况。

先分教后总结也有两层意思：一是对某类虚词先分别进行教学，然后进行总结，在总结中比较这些虚词的异同；二是对某个虚词的不同用法分别进行教学，然后总结。

分教和总结可以是分层次的，例如在汉语介词的教学中，可以在教"在、于、从、往、到"等介词以后，对这些表示时间、处所、方向的介词进行总结，比较它们的异同："在、于"是静态的，"从、到、往"是动态的。然后在教表示方式、原因、对象等的介词以后，对整个介词进行总结。

（2）把虚词教学和中国文化教学相结合

汉语虚词的使用有时体现中国文化的特点，如果把汉语虚词教学和中国文化结合起来，更能够使汉语学习者熟悉和掌握汉语虚词的用法，并且能够熟练地加以使用。下面我们简单介绍一下汉语虚词的文化含义。

①汉语介词体现中国文化中的时空一致性含义

在中国文化中，时间和空间是一致的，而且是可以互相转换的。这在汉语中有很多体现，例如汉语的趋向动词的意义有很多表现出时间和空间的转换关系，如"来、去、起来、下去、过来、过去"等。

汉语介词也体现出时空一致性的含义，介词的使用常常既可以表示时间，也可以表示空间，如"在去年"中的"在"表示时间，"在北京"中的"在"表示空间，"从、到、于"等介词的用法也具有这个特点。

②汉语连词"和、跟、与、同"体现的文化含义

汉语连词"和、跟、与、同"能够连接词、短语，表示联合关系，构成联合短语。

"和、跟、与、同"构成的联合短语我们可以表示为"A＋B"。中国文化重视位置关系，在"前、后"的关系中，以前为重，在联合短语"A＋B"中，A在语义上一般是主要的、重要的、重点的，如用"哥哥""弟弟"构成联合短语，一般是"哥哥和弟弟"，重视年龄的大小；"这个工厂生产彩电、冰箱"，意味着彩电的产量比冰箱高；"老师和同学们"是按照地位高低构成的。如果联合短语中有"我"，"我"一般处于A的位置上，如"我和妈妈""我和其他同学"，体现以"我"为中心的语言观察角度。

在联合短语"A＋B"中，也体现中国文化中的审美特点。当联合短语各项的音节长短不一时，一般把较长音节的词语安排在B的位置上，增强结构的稳定性，这样也符合中国人的审美习惯，例如"铅笔、橡皮和三角尺""打篮球、打排球和打太极拳"。

（3）重视虚词的位置教学

虚词的位置包括两个方面：一是虚词自身在句子中的位置；二是虚词与其他词语构成的短语在句子中的位置。

虚词自身在句子中的位置主要是指助词"的、了"的位置。

助词"的"的情况包括"的"的有无和位置问题。

当中心语前有修饰语时，需要注意助词"的"的有无。"的"的有无和修饰语的性

质有关，一般来说有三种情况：①不用"的"，这主要是数量短语做的修饰语；②用"的"，动词和除数量短语以外的各种短语做的修饰语；③可用"的"也可以不用"的"，这主要是名词、形容词做的修饰语。

当中心语前有多个修饰语或有偏正短语充当的修饰语时，需要注意"的"的位置情况。"的"的位置与三个因素有关：词语之间语义联系的紧密程度，语义联系比较紧密的词语，中间一般不用"的"，语义联系不太紧密的词语，中间用"的"；语法关系，具有直接语法关系的词语，一般不用"的"，不具有直接语法关系的词语，一般用"的"；是否强调，如果要强调修饰语，一般用"的"。例如"我的伟大祖国"，"伟大"和"祖国"语义联系比较紧密，具有直接语法关系，不用"的"；"我弟弟的书"，"我"和"弟弟"语义联系比较紧密，具有直接语法关系，不用"的"。

"了"的位置有两种：一是用在句子中动词、形容词的后边，用在动词的后边表示动作的完成，如"老师去了图书馆"，用在形容词的后边表示性质变化完成，如"他最近瘦了不少"；二是用在句子末尾，表示情况变化或要发生某事，如"出太阳了""明天就能到沈阳了"。

虚词与其他词语构成的短语在句子中的位置包括两种情况：一是介词和其他词语组成的介词短语的位置；二是连词中的关联词语与分句组合的位置。

介词短语在句子里的位置和介词短语充当的句子成分有关，它充当的句子成分不同，位置也会不同。介词短语可以充当状语、补语、定语，这三种情况下介词短语的位置是：

介词短充当状语，其位置有两种：①通常位置是在谓语中心语前，也就是动词、形容词的前面，起修饰限制作用，我们可以称之为"句中状语"，如"他在国外上大学"。②在整个句子的前面，修饰限制整个句子，我们可以称之为句首状语，如"在车上，我们谈论刚才的事"。有的介词短语只能出现在句首状语的位置上，如"关于"组成的介词短语，有的介词短语做句首状语或做句中状语，句子的意思会有所不同，如"在中国，很多大学招收留学生——很多大学在中国招收留学生"。

介词短语充当补语，其位置在中心语后，如"他把这件事记在心里"。介词短语充当定语，起修饰限制作用，其位置在中心语前，而且一定要用助词"的"，如"在外面的人"。

五、注重汉语特殊句型的教学

所谓特殊句型，是指具有一定特点的、以某些标志为特征的句型。"特殊"还有一层含义：一般是某种语言特有的。

对于汉语特殊句型的范围，学术界还有不同的看法，所认定的特殊句型也有多有少。我们认为，就对外汉语教学来说，汉语的特殊句型不同于母语讲授的特殊句型，它既是相对于汉语的一般的、普通的句型而言的，也是相对于其他语言的句型而言的。

学习和掌握汉语的特殊句型，能够进一步加深汉语学习者对汉语特点的了解，更加熟练地理解和运用汉语。

我们认为，汉语的特殊句型大致包括以下句型：主谓谓语句、连谓句、兼语句、"把"字句、"被"字句、"连"字句、"是"字句、存现句等。

1. 主谓谓语句的教学

主谓谓语句是主谓短语充当谓语的句子。

主谓谓语句的句子公式可以表述为"S1 + S2 + P"，全句的主语（S1）叫大主语，做谓语的主谓短语的主语叫小主语（S2），其构造是：按照对外汉语教学的需要，从大主语和小主语的性质及关系来看，主谓谓语句分为四种类型：

（1）大主语受事，小主语施事。例如"这课的汉字我写完了"。

（2）大主语施事，小主语受事，例如"我早饭吃过了"。

（3）大主语和小主语为领属关系，例如"那双鞋价钱太贵"。

（4）大主语和小主语存在复指关系，例如"四节课学完一课，这对我来说太快了"。

汉语学习者对汉语主谓谓语句的理解没有多大困难，但在运用主谓谓语句方面问题较多，所以，在主谓谓语句的教学中，对外汉语教师主要注意把握主谓谓语句的特点和用途。

主谓谓语句的特点可以从多个角度来说。从语法结构的角度来说，大主语是整个句子的主语，后面的主谓短语整体做谓语，大主语和小主语之间可以有状语，例如"那双鞋确实价钱太贵"。从语义的角度来说，除大主语和小主语存在施事、受事、领属、复指等语义关系外，大主语的陈述性是主谓谓语句的重要特点，即大主语是整个句子的陈述对象，做谓语的主谓短语是对大主语加以陈述的。

主谓谓语句的用途也是多方面的，从表述功能来说，主谓谓语句是用来陈述和描写的；从语法功能来说，主谓谓语句的使用常常是为了保持主语的连续性，例如"他身体不好，还不注意锻炼"，第一分句是主谓谓语句，大主语是"他"，第二分句承前省略主语"他"，主语保持了连续性。

2. 连谓句的教学

连谓句是连谓短语充当谓语的句子。连谓句的句子公式可以表述为"S＋V1＋（O1）＋V2＋（O2）"。

连谓句的教学要注意把握连谓句的特点，连谓句的特点如下。①连谓句的V1和V2在动作行为的时间方面有先后，例如"他吃了饭去超市"，"吃了饭"在前，"去超市"在后。②连谓句中V1和V2的动作行为是属于同一主体发出的，在语法结构上可以叫"共主语"，如上例。③连谓句的V1和V2常常带有附加成分，如状语、补语、宾语等。

连谓句的教学要注意以下方面。

（1）汉语学习者理解连谓句的语义并不困难，因为其他语言里也存在类似汉语连谓句语义的句子，只是采用的语法表达方式不同，例如英语里用不定式：He awoke to find the house on fire（他醒来发现房子着火了）。因此，对外汉语教师可以利用汉语和外语相同语义、不同语法表达方式的对比，引导汉语学习者掌握汉语的连谓句。

（2）利用组合法帮助掌握汉语的连谓句。组合法是利用汉语学习者已经掌握的汉语单句组成连谓句，例如把"他走过去""他和那个人打招呼"组合成"他走过去和那个人打招呼"。使用组合法可以帮助汉语学习者熟悉汉语连谓句的构成情况，也可以帮助他们理解如何运用连谓句。

（3）注意"了"在连谓句中的使用条件。在连谓句的"S＋V1＋（O1）＋V2＋（O2）"的格式中，"了"可以用在三个位置上：V1后、V2后、O2后，在O1后不能用"了"。在什么地方用"了"，和连谓句表达的时间意义有关，例如不加"了"的"我下课去超市"表示经常的行为或将来的行为；"我下了课去超市"表示将来的行为；"我下课去了超市"表示过去的行为；"我下课去超市了""我下了课去超市了""我下了课去了超市"都表示过去的情况。

3. 兼语句的教学

兼语句是兼语短语充当谓语或独立成句的句子。兼语句的句子公式可以表示为"S＋V1＋N＋V2＋（O）"，N表示兼语。

兼语句的教学要注意把握兼语句的特点，兼语句的特点如下。①兼语句的V1常常用使令动词，典型的使令动词是"使、叫、让、请"。②兼语句的V1和V2分属于不同的动作主体，V1的动作行为主题是主语（S），V2的动作行为主体是兼语（N）。③从语义来看，V2表示的动作行为是在V1表示的动作行为的驱使下发生的。

兼语句的教学要注意以下方面。

（1）利用其他语言里类似汉语兼语句语义的句型进行迁移。例如英语里类似汉语兼语句语义的句型有由"make""let""have""want"等动词构成的句型："I made him do it"（我叫他做的）、"We must not let the matter rest here"（我们不能让这件事就这样了），对外汉语教师可以把汉语兼语句和这些句型进行比较，引导汉语学习者注意汉语兼语句的特点，掌握汉语兼语句的结构特征。

（2）提醒汉语学习者注意汉语"使、叫、让、请"等使令动词的特点和构成的兼语句的结构特点。在"使令"这个意义上，"使、叫、让"一般不单独使用，"请"可以单用，如"请你""请客"。在兼语句的语法结构方面，有人曾强调兼语句是"一个动宾短语套上一个主谓短语"，这在对外汉语教学中不易被汉语学习者理解，因为兼语句的动宾部分常常是不能独立存在的，如"这件事使我明白了一个道理"，其中的"使我"不能独立存在。因此，兼语句的语法结构特点的讲解使汉语学习者注意到N和V1、V2的联系即可。

4. "把"字句的教学

在各种对外汉语教材中，对"把"字句特点和运用规律的介绍比较多，汉语语法学界对"把"字句的研究也比较多。因此，我们在这里只谈谈"把"字句的教学问题。

（1）在对外汉语教学中，汉语学习者经常提出的问题是"为什么用'把'字句"，这涉及汉语"把"字句的作用。"把"字句最主要的作用是强调受事成分，突出对受事成分的处置，把受事安排为信息焦点。从认知的角度说，汉语的"把"字句、"被"字句和主谓谓语句有异曲同工之妙，都是首先重视施事和受事的认知，然后才是动作行为的认知。

（2）注意动词的动作性。"把"字句的动词是处置性的，或者说动作性比较强。动词的动作性是有差别的，按动词的类型来说，动作性的强弱依次是：动作行为动词—心理动词—存现动词—趋向动词—助动词—判断动词，能够构成"把"字句的主要是动作性强的动作行为动词。

（3）通过句型转换使汉语学习者熟悉并掌握"把"字句。"把"字句和一般的带宾的主谓句存在句型转换关系，如"他买到了车票——他把车票买到了"，在教学中，可以通过句型转换的练习增强汉语学习者对"把"字句的理解。另外也要注意，汉语中很少用"主语＋动词＋宾语＋介词短语"的结构，一般要用"把"字句，这样的句子不能转换，如"你就把心放在肚里吧""我们把行李放到行李架上"。

5."被"字句的教学

"被"字句是用"被"来表示被动意义的句子。"被"字句有三种类型：①Ｓ＋被＋Ｎ＋Ｖ，如"他被我说服了"；②Ｓ＋被＋Ｖ，如"车被开走了"；③Ｓ＋被＋Ｎ＋所＋Ｖ，如"人们被他的精神所感动"。

"被"字句的教学应注意以下方面。

（1）"被"字句的教学应和被动句的教学相结合

被动句是主语为受事的句子，汉语"被"字句是被动句中的一种。汉语的被动句有两种：一种叫语义被动句，主语为受事，语法结构上没有被动标志词，如"桌子擦过了"；一种是"被"字句，主语为受事，语法结构上用"被、叫、让"等作为被动标志词。

把"被"字句的教学和被动句的教学结合起来，主要是为了提高汉语学习者对汉语的运用能力，因为在汉语的句子中，语义被动句的使用频率要高于"被"字句，有时强行使用"被"，反而感觉别扭，如"腿被摔断了"。

"被"字句教学和被动句教学的结合，是使汉语学习者明了汉语的特点：汉语是不重形式标志的语言，强调意合性，因此，在可用"被"可不用"被"的情况下，一般不用"被"。强调这一点，是为了汉语学习者因受母语被动语态产生的负迁移的影响而过多地使用"被"。

（2）明确使用"被"字句的条件

"被"字句的使用条件包括语用条件、语法条件。

①语用条件。"被"字句过去一般用在不好的、不如意的事情方面,如"裤子被剐破了",后来范围扩大,也应用到其他方面,如"他被选为班长"。②语法条件。需要引出施事者,一般要使用"被"字句,如"书被他拿走了";主语和动词之间存在两向性,即主语既可以是动词的施事,也可以是动词的受事,如果表示被动意义,要使用"被"字句,如"他被打了""这个学生被批评了"。

6."连"字句的教学

"连"字句是用"连"与"都、也"配合表示强调的句子。"连"字句的句子公式一般是"连+N+都/也+V"。

"连"字句分为四类。①施事型,"连"后面的N是动词的施事,如"连小李都知道了这件事""这件事连小李都知道了"。②受事型,"连"后面的N是动词的受事,如"他连晚饭都没吃"。③非施受型,"连"后面的N和动词之间是施事、受事以外的其他语义关系,如"他连屋都出不了""他连说话都困难"。④重复动词,构成"连+V+都/也+不/没+V"的格式,如"连想都不愿想""连看都没看"。

"连"字句的教学应注意以下方面。

(1)注意"连"字句的特点

理解和把握"连"字句的特点,汉语学习者才能够掌握"连"字句,并能够在汉语交际中加以运用。汉语"连"字句有如下特点。

"连"字句用于否定的时候比较多,因此句子里常常有"不、没"等否定词;

"连"字句属于动词性谓语句,其谓词要用动词,不能用形容词;

"连"字句有强调作用,可以向大、高、强、长等的方向强调,也可以向小、低、弱、短等的方向强调;

"连"字句具有口语的语体色彩,较多地用在口语里。

(2)注意"连"的性质

"连"字句中的"连"是助词,在句子里,"连"字句的"连"有时也可以省略,例如"连想都不想——想都不想""连你都不知道——你都不知道"。有"连",强调色彩更重一些。

7."是"字句的教学

"是"字句是用"是"表示判断或强调的句子。

汉语"是"字句的情况比较复杂,大致分为两大类。①"是"是动词,表示判断。

黄伯荣、廖序东先生主编的《现代汉语》(增订三版)认为，按照"是"放在主语和宾语之间的作用，这类句子可以再分为几个小类：表示事物等于什么；表示事物属于什么；表示事物的特征、质料、情况；表示事物的存在。②"是"是副词，表示强调。这类句子中的"是"有不同的位置："是"位于句首，强调主语表示的人或事物，如"是这个同学救了你"；"是"位于句中，可以强调谓语表示的动作行为或性质状态，如"车子是坏了"，也可以强调其中的时间或地点，如"我是昨天晚上买的票"。"是"还可以起关联作用，与"但、但是、可"等配合表示转折关系，如"我是去了图书馆，可是没看见他"。

"是……的"的结构也有上述两种情况。

"是"字句的教学应注意以下方面。

（1）注意判断动词"是"和副词"是"的不同特点。这样的特点既表现在语法上，也表现在语音上：在语法上，判断动词起联系主语和宾语的作用，一般不能省略；副词"是"起强调作用，常常可以省略（当然，省略以后强调的意味减弱）。在语音上，判断动词一般不重读，而副词"是"因为表示强调，常常需要重读。

（2）循序渐进地教学。"是"字句比较复杂，教师应该由易到难循序渐进地进行教学，避免使汉语学习者产生畏难情绪。例如，应该先教表示判断的"是"，再教表示强调的"是"；在表示判断的句子中，要先教表示属于什么的句子，再教其他句子。

（3）采用语言对比的方法，进行正迁移。例如把判断动词"是"和英语中表示判断的"to be"对比，引导汉语学习学习者掌握汉语的判断句。但是教师也要提醒他们注意两者之间的不同，防止汉语学习者过度泛化，产生负迁移。

参考文献

[1] 毕继万. 跨文化交际与第二语言教学 [M]. 北京：北京语言大学出版社，2009.

[2] 毕彦华. 对外汉语教学理论与实践 [M]. 北京：北京工业大学出版社，2018.

[3] 陈昌来. 对外汉语教学概论 [M]. 上海：复旦大学出版社，2005.

[4] 陈晓宁. 立足于对外汉语教学的类推研究 [M]. 北京：科学技术文献出版社，2017.

[5] 陈学广. 汉语国际教育专业建设与教学研究 [M]. 南京：东南大学出版社，2020.

[6] 程翠翠，赵昭. 融入现代教育技术的对外汉语教学研究 [M]. 北京：九州出版社，2020.

[7] 耿潇. 全球化视域下我国高等院校对外汉语教学模式研究 [M]. 华中师范大学出版社有限责任公司，2022.

[8] 贺佳. 对外汉语教学理论研究 [M]. 北京：北京工业大学出版社，2018.

[9] 胡晓晏. 基于跨文化适应性的对外汉语教学研究 [M]. 长春：吉林人民出版社，2020.

[10] 乐守红. 中国传统文化传播与对外汉语教学 [M]. 长春：吉林人民出版社，2019.

[11] 李娅菲. 对外汉语教学与策略研究 [M]. 延吉：延边大学出版社，2019.

[12] 刘谦功. 汉语国际教育导论 [M]. 北京：世界图书北京出版公司，2012.

[13] 刘荣. 国际汉语文化研究 [M]. 成都：四川大学出版社，2019.

[14] 刘文燕. 中国高校对外汉语教师教学评价模式研究 [M]. 银川：宁夏人民出版社，2019.

[15] 鲁馨遥. 中国传统文化传播视域下的对外汉语教学研究 [M]. 北京：中华工商联合出版社，2021.

[16] 马莹. 对外汉语教学创新研究 [M]. 哈尔滨：哈尔滨工业大学出版社，2019.

[17] 邵华. 对外汉语教学概论 [M]. 成都：电子科技大学出版社，2016.

[18] 宋安琪，孙丹. 国际汉语课堂活动设计与应用 [M]. 广州：暨南大学出版社，2016.

[19] 宋雨涵. 对外汉语教学理论研究 [M]. 北京：北京工业大学出版社，2018.

[20] 唐智芳. 文化视域下的对外汉语教学研究 [M]. 长沙：湖南师范大学出版社，2014.

[21] 王惠莲. 对外汉语教学方法与教学模式的创新实践 [M]. 长春：东北师范大学出版社，2020.

[22] 王志文，牛继舜. 中华文化传承与传播策略研究 [M]. 北京：经济日报出版社，2017.

[23] 王治理. 传统文化与对外汉语教学 [M]. 厦门：厦门大学出版社，2008.

[24] 魏长达. 汉语教育研究 对外汉语教育实践与研究 [M]. 北京：中国科学技术出版社，2006.

[25] 向平. 对外汉语教学的实践认知 [M]. 武汉：华中师范大学出版社，2014.

[26] 徐宝妹. 汉语国际教育创新型人才培养论集 [M]. 上海：上海人民出版社，2011.

[27] 杨海明. 汉语语法研究与语言教学 [M]. 昆明：云南人民出版社，2001.

[28] 杨恬. 跨文化适应与对外汉语教学研究 [M]. 成都：四川大学出版社，2015.

[29] 张喜华，郭平建，谢职安. 大学英语中的跨文化教学研究 [M]. 北京：北京交通大学出版社，2019.

[30] 周小兵. 对外汉语教学入门 [M]. 广州：中山大学出版社，2009.

[31] 祝志春，康建军，苗林. 优秀传统文化传承与对外汉语教学 [M]. 吉林出版集团股份有限公司，2020.